Paulas Erkenntnisse für ein leichteres Leben

DER WIND DER VERÄNDERUNG

EINE WUNDERVOLLE BOTSCHAFT AUS DEM HIMMEL

Paula Himmelreich

Der Himmel öffnet sich, der Wind bläst den Menschen kräftig ins Gesicht.

Eine neue Zeit ist eingeläutet.

Die Welt steht kopf. Nie mehr wird die Welt sein, wie sie einmal war.

Jetzt wird das erste Buch der neuen Erde geschrieben. Das erste Kapitel hat bereits begonnen. Du spielst, wenn du das liest, auch mit in der "neuen" Geschichte der Menschheit. Frieden und Freiheit werden auf der neuen Erde herrschen.

Die Wahrheit wird offenbart, das ist wunderbar.

Das Licht und die Liebe wird über den ganzen Planeten fließen wie ein Honig auf einem Butterbrot.

Jetzt sind die Veränderungen klar sichtbar- wir können uns freuen.

Alte verkrustete Strukturen brechen auf und wunderschöne neue Blüten kommen zum Vorschein.

Der Engelsfürst Metatron hilft Mutter Erde und ihren Bewohnern beim Aufstieg in die 5. Dimension. Er hat eine Botschaft an die Menschheit.

Ein Büchlein das vom Himmel gepurzelt ist, um den Menschen Halt und Hoffnung zu überbringen und sie liebevoll an die Hand zu nehmen.

Mit Hilfe der himmlischen Heerscharen kommen wir sicher an, auf der neuen Erde.

Die Autorin

Paula Himmelreich ist bekannt für ihre Publikationen

zum Thema Bewusstsein.

Paulas Erkenntnisse die das Leben leichter machen

Ihr Erfahrungen möchte sie gerne teilen.

Sind die Menschen grundlos glücklich und lieben sie bedingungslos-

dann ist der Himmel jetzt schon auf Erden.

https://paulas.gratislicht.de/home/

Die Wahrheit ist immer ganz einfach

ist etwas kompliziert,

dann ist es nicht wahr

(Paula Himmelreich)

Haftungsausschluss

Bei psychischen oder körperlichen Beschwerden ist es ratsam einen Arzt aufzusuchen. Dieses Buch stellt keinen ärztlichen Ratgeber dar, und ist kein Ersatz für eine ärztliche Diagnose. Jegliche Haftung ist ausgeschlossen.

Vorwort

Der Wind bläst uns allen ganz schön um die Ohren

Mit Rückenwind geht alles ganz leicht

Widerstand ist zwecklos

Lass den Dingen ihren Lauf

Klingeling hörst du den Wecker?

Neue Spielregeln

Achtung, nur nicht runterziehen lassen!

Alles ist mit allem verbunden

Der Turm ist hoch genug

Es ist schon wieder jetzt

Die Akzeptanz öffnet sämtliche Türen

Das Schwingungsfeld der bedingungslosen Liebe

Lachen ist das Beste im Leben

Lasse nicht zu, dass jemand dein Leben zerstört- dein Ego

Erwartungen garantieren eine Schussfahrt in die Hölle

Das Kronenchakra ist das Tor in die geistige Welt

Diskutieren bis der Arzt kommt

Immer schön einen Schritt nach dem anderen

Das ist eine einmalige Gelegenheit

Es entsteht langsam ein Wir-Gefühl

Komm, wir machen die Welt neu

Der Himmelsfürst meldet sich

Schlusswort

Vorwort

Ist das zu glauben, wie schnell sich Dinge verändern können? Die Welt hat sich in nur ein paar Wochen komplett gewandelt. Wenn uns Außerirdische ab und zu besuchen kommen würden, wären sie wohl sehr erstaunt darüber, wie sich der Alltag von uns Erdenbewohner verändert hat.

Die Veränderungen gehen durch sämtliche Strukturen. Selbst beim gemütlichen Tofu-Essen im goldenen Hirsch um die Ecke, sieht alles ganz anders aus, als noch bei der Weihnachtsfeier mit den Bürokollegen. Der Friseurbesuch gleicht eher einer OP, als einem kleinen Beautytrip und der wöchentliche Einkauf macht auch immer weniger Spaß. Schnell das Nötigste eingepackt und ab durch die Mitte- schnell wieder nach Hause in das traute Heim.

Jetzt scheinen die einströmenden starken Energien richtig Staub aufzuwirbeln. Es geht etwas voran- die Frage ist nur die: **Was** geht eigentlich voran?

Ein Sturm zieht auf- der Wind der Veränderung bläst. Eine wunderbare Energie macht sich breit. Lassen wir den Wind einmal kräftig unseren Planeten durchblasen und schauen am Ende was noch steht. Eine spannende Zeit wie sie aufregender kaum sein kann.

Dieses Büchlein wird von der geistigen Welt des Lichts andiktiert, wie alle meine Niederschriften. Sperre deinen Verstand während des Lesens in den Schrank oder lasse ihn im Gartenstuhl ein bisschen ausruhen. Öffne dein Herz, dann kannst du die Botschaft fühlen.

Der Wind bläst uns allen ganz schön um die Ohren

Ist es nur ein Wind, der die Veränderung herbeiführt oder ist es gar ein Sturm? Könnte daraus sogar ein Orkan werden?

Ein Wind kann unangenehm sein, wenn er einem ins Gesicht bläst oder die Haare verwurschtelt. Wind ist aber auch sehr kraftvoll und kann sogar Energie erzeugen. Wer Segel auf einem Boot setzt, kann schneller und leichter vorankommen, als wenn er mühselig rudert. Wind kann man auch einfangen und damit Maschinen betreiben- früher wurde mit Windenergie Korn gemahlen. Eine kraftvolle und gratis Energiequelle, die uns der Himmel zur Verfügung stellt. Wind ist eines der Elemente. Eine wunderbare Sache.

In diesem Büchlein hat der Wind eher einen symbolischen Charakter. Er soll ein Sinnbild sein, für den Wandel der Welt in eine neue Wirklichkeit.

Wind kann eine enorme Kraft erzeugen und Dinge anschieben oder sogar herumwirbeln. Das haben wir doch alle schon einmal gesehen, vielleicht nicht live, aber im Fernsehen, wie ein Hurrikan sogar Autos fliegen lassen kann. Schon erstaunlich, dass etwas "Unsichtbares", so enorme Kräfte entwickeln kann! Wind erzeugt Energie- er ist aber auch Energie.

Freilich, alles ist Energie. Manches ist auch Materie. Zum Beispiel ist ein Tisch Energie und auch Materie. Ich möchte mich da nicht vergaloppieren, wenn ich jetzt in die Physik einsteige und etwas Falsches erzähle... Nein, um das geht es auch nicht. Es geht mir um etwas völlig anderes:

Es gibt Menschen, die können nichts mit "unsichtbaren" Dingen anfangen. Klar, völlig "normale" unsichtbare Sachen sind da weniger ein Problem. So etwas wie ein Duft oder ein Ton löst noch kein Stirnrunzeln bei den Verstandesmenschen aus. Bei Geistern oder Engeln kann es schon heikel werden. Da kann man schnell einmal als Geisteskrank abgestempelt werden oder zumindest als unglaubwürdig gelten. Komisch, der Wind ist auch unsichtbar, aber an den glauben die Menschen schon. Wenn ich früher in eine Diskussion hineingeraten bin, in der es um solche unerklärlichen Phänomene ging, habe ich immer eine lustige Frage gestellt, die hitzige Gemüter schnell wieder beruhigte und doch zum Nachdenken anregte:

Ich fragte den ungläubigen Thomas dann:

"Du glaubst doch auch, dass du einen Verstand hast, obwohl du ihn nicht sehen kannst, oder?"

Den Wind kann man auch nicht sehen, aber was er "anschiebt", also das Ergebnis, kann man immer gut sehen.

Meist sind es die Blätter im Herbst, die er herumwirbelt, oder den Staub auf der Straße. **Das** kann man dann tatsächlich sehen.

Der Wind der Veränderung schiebt alles mächtig an, auch uns.

Das ist doch toll. Mit Rückenwind geht alles viel leichter.

Mit Rückenwind geht alles ganz leicht

Wir haben immer die Wahl: Entweder können wir uns den Wind ins Gesicht blasen oder uns sogar umpusten lassen, oder wenn wir nicht mehr gegenhalten können, uns einfach umdrehen und bequem anschieben lassen.

Weißt du welche Variante ich bevorzuge? Ich lasse mich anschieben, das ist doch klar- ich gehöre ja zur faulen Fraktion. Warum sollte ich mich anstrengen und immer dagegen halten, wenn ich mich umdrehe und vom Rückenwind sogar ein bisschen schieben lassen kann. Es ist doch schön, wenn es leicht geht.

Das Leben ist leicht und nicht schwer. Da haben uns die Alten und die Lehrer Blödsinn erzählt. Sie redeten uns ein, wir müssten uns anstrengen um etwas zu "werden" nur dann wären wir erfolgreich. Anders würde das nichts werden mit unserer Zukunft. Ohne Studium wären wir die klassischen Nieten und würden durch das System fallen und lebenslang so "dahin krebsen".

So, jetzt darf ich einmal laut lachen: Haha!!!

Irgendwie hat sich jetzt etwas geändert. Das mit dem Karriere machen, viel Geld verdienen und erfolgreich-sein, wenn man studiert hätte... na ja, kann ich da nur sagen!

Oder sollte ich sagen, Home-Office?

Unser aller Leben und auch unsere Lebenspläne haben sich innerhalb weniger Wochen um 180 Grad gedreht.

Jetzt sind die ursprünglichen Lebensentwürfe nicht mehr viel wert.

Die Karten werden neu gemischt.

Für die Zukunft geplantes ist entweder weit in die Ferne gerückt oder komplett über den Haufen geworfen.

Plötzlich ist alles offen.

Auch ein schöner Gedanke- jetzt können sich neue Dinge völlig frei entwickeln. Obwohl, das mit dem frei entwickeln wird noch ein bisschen dauern, aber dann sind wir wirklich frei und können unsere neue Gesellschaft aufbauen. Eine grandiose Zukunft erwartet uns.

Stellen wir uns "falsch herum" in den Wind, also "gegen" die Windrichtung müssen wir, je nach Windstärke, ganz schön dagegen halten, um nicht umgepustet zu werden. Wir müssen einen Widerstand aufbauen, um weiterhin gerade stehen zu können. Das kostet viel Kraft, wenn es ordentlich bläst. Gut, irgendwann ist unsere eigene Energie am Ende, wir sind kaputt und geben auf. Dann drehen wir uns um und nutzen die Energie als Antrieb, die uns bequem durch das Leben schiebt.

Widerstand ist zwecklos

Widerstand kostet unheimlich viel Kraft. Ich kann das aus eigener Erfahrung bestätigen. Das ständige Gegenhalten in Diskussionen ist sehr kräftezehrend. Was habe ich früher diskutiert, bis zum Abwinken! Am Ende war ich immer der Verlierer- saft- und kraftlos bin ich aus den Gesprächen herausgegangen, natürlich wie immer ohne "Erfolg". Gut, was wäre denn ein Erfolg gewesen, oder ein Sieg? Wenn **ich** Recht gehabt hätte, wenn meine Diskussionspartner **meine** Ansicht der Welt übernommen hätten oder wenn sie mir zumindest zugestimmt hätten?

Ich habe, wie andere Menschen auch, meine Überzeugungen und für die stehe ich ein. Da mir die Natur und die Tiere sehr am Herzen liegen, wollte ich natürlich immer, dass sich andere Menschen auch rücksichtsvoll benehmen und die Natur nicht zerstört und die Tiere natürlich nicht gequält werden.

Jetzt könnte man sagen, das ist ein edler Gedanke und sollte so auch von anderen Erdenbewohnern umgesetzt werden.

Ja, aber so einfach funktioniert das Leben nicht...

Lass den Dingen ihren Lauf

Noch leben wir in der Dualität, das heißt neben dem Engelchen gibt es auch das Teufelchen. Solange wir hier in dieser Dichte leben, werden wir mit beiden Energien zwangsläufig zu tun haben. Es gibt Menschen die sich, warum auch immer, mehr für die dunkle Seite interessieren. Sie wollen hier ihr Erfahrung machen. Warum das so ist, liegt an einem höheren übergeordneten Plan. Freilich, wenn wir in der Dualität leben, **muss** es ja das Helle **und** das Dunkle geben, sonst wären wir ja im Himmel, da gibt es nur das Helle. Jede Seele hat schon viele Inkarnationen gelebt und sich auch für dieses Leben einiges vorgenommen. Vielleicht gibt es für diejenigen noch einiges aufzulösen, dann müssen sie natürlich in niedrige Schwingungsebenen hinabsteigen und da leben. So, jetzt komme ich mit meinen "ehrbaren" Lebensanschauungen und will sie auf meine Wolke 7 hiefen- das wollen die überhaupt nicht. Sie werden sich wehren bis zum Schluss.

War das nicht Jesus der sagte, dass ein Same nur auf vorbereiteten Boden aufgehen kann?

Das, was ich früher gemacht habe, war nichts anderes, als viele Samen auf Betonplatten zu werfen. Ich muss dir nicht erklären, dass es völlig für die Katze war.

Wenn ein Boden aufgehackt ist, ein bisschen Kompost untergemischt wird und feucht ist, kann ein Same aufgehen. Das sind die besten Voraussetzungen. Manchmal dauert es sehr lange, auch jahrelang kann es dauern, bis ein Same zu sprießen beginnt.

Ich habe etwas Interessantes beobachtet:

Wir hatten vor Jahren, an unserem alten Bauernhaus einen baufälligen Teil abgerissen. Dann haben wir den angrenzenden Hang aus Sand, ein Stück weit abgetragen. Wir befestigten ihn mit einer Folie, damit er nicht abrutschte. Jetzt stelle dir vor was passiert ist:

Innerhalb kürzester Zeit, sprießte es grün unter der Folie. In Nullkommanix, war der Hang grün bewachsen. Diese Samen lagen ich weiß nicht wie lange in dem Sand tief unten vergraben und kamen dann zum Wachsen, als Licht zu ihnen durchdringen konnte und das Sand-Erde-Gemisch locker darüber lag.

So ist es mit der Wahrheit auch: Schau, wenn du jemanden etwas vor Jahren oder Jahrzehnten erzählt hast und er schon ein bisschen offen war, also sein Boden schon bereitet war, fiel der Same, den du gesät hast in den Boden und schlief einfach. Der Mensch lebte **sein** Leben einfach weiter, so wie er es halt wollte, bis dann eines Tages die Umstände optimal geworden sind, dass der Same aufgehen konnte. Warum, welche Umstände eintreffen müssen, das können wir nie wissen. Dazu müssten wir ja **alles** über die Seele wissen. Da kann es ein klitzekleiner Auslöser sein, ein harmloser Beinbruch oder ein Arbeitsplatzwechsel und plötzlich beginnt der Aufwachprozess.

Jetzt, da es beschlossen ist, dass die Menschheit sich kollektiv verändert, kommen auch größere Geschütze um die Bevölkerung aufzuwecken.

Klingeling, hörst du den Wecker?

Ich glaube es gibt kaum noch Menschen, die nicht irgendetwas hören. Vielleicht können es die meisten noch nicht einordnen, aber daß irgendetwas anders ist als noch vor ein paar Monaten, das hat sicherlich jeder mitgekriegt.

Obwohl, ich musste erst richtig lachen:

Ich stand erst kürzlich vor einem Gartencenter. Vor der Türe war eine Frau beschäftigt die Einkaufswägen zu desinfizieren und sie den eintretenden Kunden zu überreichen, natürlich war sie auch verkleidet, wie das heute so üblich ist. Dann kam ein alter Mann dahergewackelt und ging zielstrebig in den Laden. So wie es vor nicht allzulanger Zeit noch üblich war. (grins) Er wurde sofort von der Mitarbeiterin abgefangen und aufgeklärt, dass man jetzt nur mit einem Einkaufswagen und Verkleidung in den Baumarkt kommt. Er schaute ganz verdutzt. Ich musste wirklich lachen, so etwas gibt es auch, Menschen die vielleicht einfach keinen Fernseher mehr anschalten, oder er war jemand, der schnell wieder alles vergisst. Echt köstlich. Also bei dem Mann sind die Veränderungen irgendwie vorbei geganen (lächel).

Es wird vom globalen Aufwachen gesprochen, ein wunderbarer Gedanke. Endlich manifestiert sich die göttliche Vorsehung. Die Menschen wachen auf und reiben sich verwundert und noch ein bisschen verschlafen die Augen. Es dauert eine ganze Zeit bis die Geschichte, die uns präsentiert wird ins Bewusstsein sacken wird.

Wenn ich das Szenario beobachte, könnte ich nur noch mit dem Kopf wackeln. Ich komme mir vor, wie diese Wackel-Dackel die man früher hinten auf der Ablage im Auto stehen hatte. Bei jeder Erschütterung haben diese kleinen Dackelfiguren mit dem Kopf gewackelt. Daneben stand dann die "eingehäkelte" Klopapierrolle. Eigentlich wäre dieses Bild ein gutes Sinnbild für diese verrückte Zeit die wir gerade erleben. Klopapier und Wackel-Dackel!

Falls du schon einmal ein Büchlein von mir gelesen hast, wirst du wissen, dass für mich die Wahrheitsfindung sehr wichtig ist. Die Wahrheit zu suchen, vielleicht zu finden und dann dem ganzen Szenario den Rücken zu kehren, ist die Strategie, die normalerweise eine Energie-erhaltende ist.

Wenn wir uns in die dunkle Energie begeben, das tun wir, wenn wir uns mit den öffentlichen Geschichten beschäftigen, zieht uns das in niedrig schwingende Ebenen.

Das uralte Spiel: Gut gegen Böse.

Jetzt, da wir kurz vor dem Übergang in ein neues Zeitalter stehen, ist es Schluss mit diesem Spiel.

Mensch ärgere dich nicht, kennst du sicherlich. Das macht voll Spaß, wenn man einen anderen Mitspieler rauswirft und der wieder ganz am Anfang steht. Besonders viel Spaß macht es, einen Mitspieler, kurz vor seinem Ziel zu werfen. Der andere ärgert sich dann meistens- das macht dann natürlich noch viel mehr Spaß!

So ähnlich läuft es jetzt auch, nur mit einem kleinen Unterschied: Der Mitspieler der rausgeschmissen wird, darf nicht mehr neu einsetzen. Er fängt nicht mehr bei Start an, weil er nicht mehr mitspielt.

Das Spiel: Gut gegen Böse ist vorbei. Es wird jetzt nicht mehr gespielt, für lange lange Zeit nicht mehr.

Die Bösen werden kurz vor dem Ziel rausgeworfen und bleiben draußen. Schluss, aus und vorbei.

Sie dürfen jetzt hingehen, wo der Pfeffer wächst.

Wir werden mit ihnen definitiv nicht mehr spielen!

Jetzt ist die neue Zeit eingeläutet und alles wird fein.

Neue Spielregeln

Welche Spielregeln? Weißt du was? In unseren heilen Welt brauchen wir keine Spielregeln mehr. Das sind alles alte Ego-Geschichten und sinnlose Verordnungen von Leuten die nicht mehr mitspielen dürfen.

Bewusste Menschen brauchen keine Regeln oder Gesetze. Wozu auch?

Ich brauche niemanden der mir sagt, wie schnell ich Auto fahren müsste und dass ich keine Bank ausrauben soll. (Wobei, da könnte ich wenigstens niemanden etwas wegnehmen. Haha, kleiner Scherz am Rande)

Liebevolle Menschen sind rücksichtsvoll und aufmerksam. Sie schauen, dass es anderen auch gut geht, denn sie wissen, dass wir alle miteinander verbunden sind. Durch diese Verbindung hat alles eine Wirkung auf alles und jeden.

Ein bewusster Mensch schießt kein Eigentor!

Nur Unbewusste machen dies.

Ein wichtiges Energiegesetz lautet:

ALLES WAS DU AUSSENDEST

KOMMT AUCH WIEDER ZU DIR ZURÜCK!

Warum also, sollte ein denkender und liebevoller Mensch jemanden etwas schlechtes antun wollen? Er würde doch alles wieder zurückbekommen. Das wäre schön dumm...

Auf der neuen Erde gibt es definitiv **keine** Regeln und auch keine Menschen mehr die sich über andere erheben. Das geht aufgrund der hohen Schwingung nicht. Niedrig schwingende Menschen, oder was auch immer sie sind, die sich **noch** über die anderen stellen, können überhaupt nicht in die 5. Dimension. So ergibt sich die natürliche Auslese. Bevor jetzt entrüstete Leser mein Email-Postfach zum Überlaufen bringen, möchte ich das lieber näher erklären:

Wenn wir Menschen und die Erde in eine höhere Energie wechseln, schwingen wir höher. Je höher ein Mensch schwingt, desto bewusster ist er. Auch verfügt er über mehr spirituelle Fähigkeiten. Es gibt auch Menschen auf der Erde, die schon sehr hoch schwingen, man sagt, sie seien aus sehr hohen Dimensionen "herabgestiegen" um den Menschen behilflich zu sein. Sie sind aus Liebe zu den Menschen aus den höheren Reichen herunter gekommen. Das ist wirklich sehr sehr nett von ihnen. Sie begeben sich in die Dichte um in dieser wirklich herausfordernden Zeit mit Rat und Tat zur Seite zu stehen.

Oft werde ich gefragt, wer entscheiden würde, wer bei diesem Aufstieg "dabei wäre"?

Da ist kein Türsteher da, der eine Gesichtskontrolle durchführt. (lächel)

Das geht automatisch, aufgrund der Schwingung und auch des Seelenplanes. Es wird Menschen mit einer sehr hohen Schwingung geben, die auch noch eine gewisse Zeit auf der dichten Erde bleiben werden, um mit ihrer hohen Licht- und Liebesschwingung das Chaos ein bisschen abzumildern.

Stell dir folgendes vor:

Jetzt geht es los und alle Seelen rennen wie verrückt und wollen die ersten sein auf der neuen Erde. Endlich ist die Schwingung so hoch, dass man die Lichtbrücke passieren kann. Alles rennt. Zurück bleiben die Menschen, die einfach noch nicht so weit sind oder die noch ein bisschen üben wollen. Sämtliche Lichtwesen sind auf die neue Erde gerannt und...

Und: Da würde es plötzlich ganz schön dunkel werden auf der alten Erde. Das wäre auch ein bisschen gemein, wenn alle plötzlich weg wären und die zurückgebliebenen würden im Dunklen sitzen.

Sehr alte Seelen sind nur aus einem Grund **jetzt** in dieser denkwürdigen und einzigartigen Zeit inkarniert:

Sie sind die Leuchttürme in der Dunkelheit. Sie strahlen ihr Licht hell hinaus. Wenn die Welt im Chaos versinkt, können die Menschen trotzdem noch das Licht der Leuchttürme sehen. So haben sie immer wieder eine Richtungsanzeige und verlieren sich nicht. Sie haben immer eine Anlaufstelle wo sie hingehen können, wenn sie nicht mehr weiter wissen.

Momentan scheint es so, als ob es nur noch der Lüge gestattet wäre gesehen werden zu dürfen. Die Wahrheit wird von den Dunklen mit allen Mitteln bekämpft.

Mit allen Mitteln, ist leider wahr. Ich überlasse dir, ob du dich für die Wahrheit interessierst. Wenn ja, wirst du sicherlich fündig. Wer sie wirklich finden will, wird sie finden. Dein Herz wird dich zur Wahrheit führen. Die geistige Welt ist immer zur Stelle, wenn jemand ernsthaft nach dem rechten, im Sinne von richtigen (zwinker) Weg, sucht.

Nein im Ernst, die Wahrheit ist unser höchstes Gut, wer sich auf den Weg begibt, wird immer Unterstützung auch von den geistigen Führern haben. Das ist wunderbar und auch sehr ehrenwert. Menschen, die ungerecht behandelt werden, brauchen eine Unterstützung auch von aufrechten Bürgern, die erkannt haben was richtig und wahr ist.

Ich habe schon lange bevor sich dieses Szenario gezeigt hat, mit der Suche nach der Wahrheit begonnen, sogar schon lange bevor es Internet gab. Da war die Recherche noch recht mühselig, aber es war trotzdem alles zu finden, was wichtig war. Damals glaubte natürlich niemand, dass zum Beispiel unsere Wirtschaft einmal so gegen die Wand fährt. Alle dachten das Wachstum wäre unendlich, wir könnten bis in den Himmel wachsen, so wie der Turm zu Babel...

Ja, wir haben auch unseren Turm gebaut, mit Steinen der Dekadenz. Der Hochmut lässt jetzt den Turm zusammen fallen. Das ist gut so, dann kann der Mensch wieder aufwachen. Die ganze Ablenkung fällt weg, dann wird die Liebe wieder hervortreten und den Menschen wieder zu dem machen, was er ist: Ein Wesen, das mitfühlend ist.

Die Dunklen haben die Menschheit in die Irre geführt, das haben sie bewusst getan, um ihre eigenen Pfründe zu sichern. Sie haben vorgegaukelt, der Mensch bräuchte zu seinem Glück viele Spielsachen. Es wurde ein künstliches Wachstum erzeugt. Güter wurden produziert die niemand "brauchte" sondern nur "gewollt" wurden. Irgendwann war der Mensch "satt". Die Autos die produziert wurden, stehen auf riesigen Parkplätzen herum, weil sie keiner mehr kaufen möchte.

Ein kleiner Sprung:

Warum sind wir denn auf der Erde?

Alle wollen in Wirklichkeit nur eines:

Glücklich sein. Das ist das Grundbedürfnis eines jeden Menschen. Egal wie er aussieht oder wo er wohnt.

Dieses innere Gefühl der Ruhe und der Stille, dieses Gefühl der Wärme und der Liebe, nach dem sehnen wir uns doch alle.

Einfach auf einer Bank zu sitzen und den Vögeln beim Singen zuzuhören und glücklich zu sein, das ist die Erfüllung.

Das Glück ist ein Gefühl. Das kann niemals etwas Materielles auslösen. Auch keine noch so dicken Bankkonten.

Die Dunklen haben die Menschen für ihre Zwecke benutzt und sie von ihrem Glück weg gelenkt.

Jetzt wachen die Menschen auf und durchschauen deren Spiel.

Die Menschen haben keine Lust mehr weiterhin die Sklaven zu spielen, sie möchten endlich glücklich sein. Sie möchten spielen, tanzen und viel lachen.

Das ist der große Aufwachprozess der im Gange ist und sich durch nichts aufhalten lässt. Man kann es sehen: Es gehen sogar Menschen auf die Straße, um das zu zeigen.

Es kommt eine Bewegung, eine Welle auf uns zu, die größer ist als alles bisher dagewesene. Sie nimmt alle mit.

Die Welle der Begeisterung, sie steckt an.

Freiheit ist ein wertvolles Gut.

Bis vor kurzem dachten die meisten sie wären frei, das hat sich schnell geändert- aber nur scheinbar.

Wahre Freiheit kann einem niemand nehmen, aber auch niemand geben.

Freiheit ist ein Gefühl, dass man im Herzen fühlt. Freie Menschen können nicht eingesperrt werden. Freiheit ist ein Gedankengut.

Doch trotz alledem, ich gebe auch zu, es war ein komisches Gefühl, plötzlich nicht mehr einfach losfahren zu können, nicht einmal 30 Kilometer weit weg.

Da hat es doch glatt so Schelme gegeben, die das untersagt haben. Eine wirklich interessante Erfahrung- da konnte man sehr gut Akzeptanz und Hingabe üben.

Wenn man etwas nicht ändern kann, soll man es hinnehmen. Fertig. Da denke ich dann auch nicht weiter darüber nach.

Andererseits, wenn es eine Möglichkeit gibt etwas zu verändern, dann werde ich das auch tun.

Man muss immer entscheiden, welcher Fall gerade vorliegt. Es ergibt keinen Sinn, seine Energie zu verschwenden für Dinge die sich nicht ändern lassen.

In dieser Zeit gibt es unzählige Möglichkeiten zu lernen.

Nehmen wir die Herausforderung doch einfach an.

Achtung, nur nicht runterziehen lassen!

Also kommt mein erster Ratschlag, ich weiß der ist auch nicht neu:

Fernseher ausschalten, oder umschalten auf leichte Kost.

Gut, die "Harten" können sich die Tagesschow schon noch geben, aber da muss man schon sehr gut sein im "Schwingung hoch-halten." (grins)

Früher, also ganz am Anfang der spirituellen Bewegung, gab es viel Literatur zum Thema "postitives Denken". Man könne sich seine Wünsche erfüllen, wenn man positiv die Welt betrachten würde. Klar, das ist grundsätzlich richtig, wenn auch noch ein bis zwei weitere Faktoren eine Rolle spielen. Warum das aber tatsächlich so ist, habe ich erst viel viel später begriffen.

Das hängt ganz einfach ausgedrückt mit den Schwingungsebenen zusammen.

Darum sagt man umgangssprachlich auch: Man solle sich nicht herunterziehen lassen.

Niedrige Schwingung ist äußerst ungemütlich- wobei wahrscheinlich auch nur für jemanden der sonst "Besseres" gewöhnt ist. (haha) Das hört sich überheblich an. Nein ich denke es ist wirklich so. Klar mit Sicherheit kann man solche Dinge nie feststellen, weil man nie in einen anderen Menschen hineinschlüpfen kann.

Man könnte das auch so vergleichen:

Stelle dir vor, du bist ein reicher Mensch, der eine Villa am Mittelmeer in Italien bewohnt. Du lebst in vollem Luxus. Dir mangelt es an Nichts. Von allem hast du mehr als genug. Dein Garten gleicht dem Garten Eden und dein Ausblick auf das Meer ist göttlich. Deinen Haushalt erledigen selbstverständlich die Bediensteten. Einen eigenen Butler hast du natürlich auch. Schön gell? Ein Leben wie Gott in Italien. (ein solch wunderschönes Land mit so wunderbar herzlichen Menschen! Italiener haben ihr Herz so weit offen und lachen sehr viel. Ich mag sie soooo gerne. Hoffentlich dürfen sie bald wieder schön leben. Ich wünsche es ihnen von ganzem

Herzen und auch uns, damit wir dieses sagenhaft schöne Land endlich wieder besuchen können.)

Tja, jetzt sagen wir einmal, du feiner Piefke verlierst dein gesamtes Hab und Gut bei der großen Weltwirtschaftskrise. Ende Gelände! Schluss mit Villa! Ein Umzug unter eine Brücke von Bogenhausen ist angesagt.

Zwei völlig unterschiedliche Welten, aber **ein** Leben.

Dein Leben wäre plötzlich völlig anders, das brauchen wir nicht näher zu erläutern, das kannst du dir auch so gut vorstellen.

Wenn diese 2 Welten Schwingungsebenen wären, dann hättest du vorher eine sehr hohe Ebene innegehabt und im Anschluss eine sehr niedrige Schwingungsfrequenz.

Das heißt natürlich nicht automatisch, dass alle reichen Menschen einen hohen Bewusstseinszustand haben! **Nein**! Ganz und gar nicht und oftmals ist sogar das Gegenteil der Fall.

Materieller Wohlstand hat nichts mit Bewusstsein oder Schwingung zu tun!

Reichtum und Macht sind eher niedrig schwingende Bewusstseinszustände.

Natürlich kann auch ein reicher Mensch, wenn er es verstanden hat, in einer hohen Liebesschwingung leben. Wenn er sich bewusst ist, dass alles miteinander verbunden ist und er seinen Reichtum teilt, hat er erkannt, dass er ein wunderbares Werkzeug in die Hand bekommen hat, um die

Welt ein bisschen besser zu machen. Stelle dir vor, das Geld und die materiellen Güter, wären gleichmäßig, also **gerecht** verteilt. Weißt du was? Wir alle wären steinreich! Wir **alle**! Auch Familien im entferntesten Dschungel- alle hätten einen unermesslichen Wohlstand. Soviel Geld und Gold ist tatsächlich auf dem Planeten physisch vorhanden.

Tja, wer hat denn dann die ganzen Penunzen?

Das sind einige wenige, die sich als Bestimmer aufspielen. Klar, das konnten sie ja auch bisher- wer viel Geld hat, hat auch viel Macht und kann sich dementsprechend "ausrüsten" um diese auch durchzusetzen.

Diese vermeintliche Macht ist nur noch eine Illusion. Ihre Autos aus dickem Stahl sind in Wirklichkeit weich wie Butter! Lass dich nicht täuschen. Alles ist nicht wirklich echt. Das Spiel ist aus, es ist ausgespielt. Sie sind kurz vor dem Zieleinlauf "rausgeschmissen" worden. Sie spielen nicht mehr mit. Aus die Maus.

Du verstehst, der Vergleich mit den wohlhabenden Menschen und den Schwingungsebenen diente lediglich als Beispiel. Ich wollte dir damit nur zeigen, wie es sich anfühlen könnte, wenn man sehr hochschwingt und dann "abstürzt" in eine niedrige Frequenz- oder auch umgekehrt wieder hinauffährt in die höheren Sphären.

Ich kann dir das so aus meiner eigenen Erfahrung schildern:

Wenn ich auf meiner Wolke 7 sitze, also in einer hohen Schwingungsfrequenz bin, ist für mich die Welt in Ordnung. **Auch**, wenn draußen die Apokalypse in vollem Gange wäre... **Meine** Welt ist in solch einer hohen Ebene perfekt. Dem ist nichts hinzuzufügen. Da habe ich innerlich solch eine Ruhe und Zufriedenheit, dass mich das Außen nicht berührt. Wenn sich das jetzt vielleicht "komisch" anhören mag: Selbst wenn ich dann "schlimme" Nachrichten mitbekomme, berühren sie mich nicht. Das ist so ähnlich als ob ich abgeschnitten wäre. So ungefähr, als würde ich einen Film anschauen, der mir egal ist. Das heißt nicht, dass mich Filme nicht berühren, aber nur dann, wenn sie auf der Herzensebene spielen, sonst nie.

Darum schreibe ich so viele Beiträge.

Ich möchte die Botschaft an die Menschen vermitteln, dass sie alles erdenkliche tun sollten, um diesen glücklichen Zustand zu erreichen. Hier "oben" ist die Welt in Ordnung. Das ist wie auf einem Gipfel. Warst du schon einmal auf einem Berggipfel? Vielleicht sogar mit einer guten Brotzeit sitzt du auf der Terrasse, lässt dir die Sonne ins Gesicht scheinen und du siehst das Tal weit unten liegen. Unten, im Tal, geht das Leben normal weiter. Die Straße wird repariert, die Menschen sausen in die Arbeit und die armen Kinder müssen die Schulbank drücken...

Vielleicht wird gerade irgendwo einer Oma die Handtasche geklaut, ein Fahrradfahrer überfährt eine rote Ampel, ein Sack Reis ist gerade umgefallen und wieder haben 5 Österreicher einen Schnupfen bekommen! Die Welt hält den Atem an...

Hier oben ist alles still. Diese Katastrophen berühren dich hier überhaupt nicht. Alles ist fein. Ein schöner Ort. Weißt du wie du da hinkommen kannst?

Du brauchst dafür kein Auto und keine Bergbahn- nein, diesen himmlischen Platz, hast du **in** dir.

Er ist in deinem Herzen zu finden.

Nein, auch keine Bergtour ist nötig! Diesen Frieden findest du, wenn du in der Liebe bist. Öffne dein Herz für die Liebe und schwuppdiwupp bist du schon auf dem Gipfel.

Es ist ganz leicht.

Besonders schnell kommst du hinauf, wenn du gibst.

Schenke irgendjemand etwas, egal wem. Entweder ein Stück Kuchen oder deine Zeit. Mache einem Menschen eine Freude. Genau dieses Gefühl und noch viel mehr kommt wieder zu dir zurück.

Geben ist seliger denn nehmen.

Wenn dir Menschen dankbar um den Hals fallen, fühlst du dich wie im Himmel. **Das** ist es von dem ich spreche.

Das Beste ist: Hier oben wirst du sicher sein von dem Weltenbrand der tobt. Sie sehen dich nicht. Du bist unsichtbar für die Dunklen. Sie können Menschen, die in der Liebe sind nicht sehen.

HAHA!!!

Das Gelächter war jetzt ein bisschen ein Auslachen. Sie denken immer sie sind besonders schlau und haben sich ausgerüstet mit Technologien, die wirklich beeindruckend sind. Nur eine Liebesmaschine konnten sie noch nicht bauen. Das haben sie noch nicht hingekriegt. Darum ist das Spiel für sie ja vorbei. Das ist wunderbar.

Unser Spiel wird jetzt nur noch Spaß machen, und niemanden mehr ärgern.

"Mensch ärgere dich nicht" hat ausgedient.

Jetzt gibt es nur noch Wolke 7 Spiele mit vielen Witze - Karten zum Ziehen. Bei jeder Karte, die wir ziehen, lachen wir uns kringelig.

Es ist unser Geburtsrecht Spaß zu haben- das machen wir jetzt einfach.

Auch, und vielleicht gerade deswegen, sollten wir aus ganzem Herzen lachen, wenn wir uns gegenseitig anschauen. Vielleicht ist das der Grund warum wir uns alle wie im Fasching verkleiden müssen, damit wir alle was zum Lachen haben. Es kann sein, dass das nur noch niemand verstanden hat. Aber ehrlich gesagt, finde ich es mega langweilig, wenn alle die "gleiche" Verkleidung anhaben. Früher als ich noch im Fasching zum Tanzen ging, waren viele unterschiedliche Kostüme zu sehen. Aber jetzt, wenn ich zum Einkaufen gehe, sehe ich lauter "gleiche" Kostüme. Jeder will anscheinend Krankenschwester spielen, gut manche spielen auch Polizisten... Wo sind denn die Indianer, Cowboys und der Sensenmann? Na ja, das wird ja ein mega langweiliger Fasching nächstes Jahr werden: Jeder wird sich das Geld für ein neues Kostüm sparen und gleich das anbehalten, was er das ganze Jahr schon trägt! Verrückte Zeiten.

Noch ein kurzer Ausflug in die niedrige Schwingungsebene:

Wenn ich auf Talfahrt gehe, warum auch immer, dann fühlt sich für mich das so an, wie als ob ich in der Hölle gelandet wäre:

Das wollte ich damit sagen: Menschen, die zum Beispiel ein schweres Leben führen, die kennen es nicht anders. Der

Mensch ist ein Gewohnheitstier. Irgendwann gewöhnt man sich an alles. Klar, muss man irgendwann ja auch.

Wenn man sonst in den oberen Gefilden herumgeistert und plötzlich ganz tief fällt, tut der Aufprall mega-weh!

Plötzlich rattert der Verstand wie verrückt und erzählt am laufenden Band Blödsinn. Das wirklich gemeine ist: In diesem Augenblick denkt man das wäre tatsächlich wahr! Man glaubt den Unsinn auch noch. Jetzt wird es total ungemütlich.

Da muss man aufpassen, sonst brockt man sich eine Suppe ein, die man ja selber wieder auslöffeln muss.

Aus diesem negativen Gedankenkarussell wieder herauszukommen ist nicht leicht.

Spirituelle Übungen die im Trockenen geprobt wurden, sind in dieser unteren Ebene schlecht greifbar. Doch wie alles im Leben Übungssache ist, hilft auch in dieser ungemütlichen Situation eine gewisse Routine.

Ich kann mich gut an meine "Anfänge" erinnern, als ich meine unguten Gefühle auflösen wollte. Ich war hoch motiviert, hatte alles gelesen und geübt was es gab und-

Und: beim kleinsten Ärger, vergaß ich alles. **Jedes Mal**!!!

Theoretisch wusste ich alles, aber praktisch...

Immer und immer wieder glaubte ich meinem Verstand, der mir irgendetwas erzählte.

Immer war irgendwer schlecht oder schuld. Klar, davon lebt ja das Ego. Es stellt die Welt so dar, dass es uns nicht passt.

Nachdem unser Ego uns so gut kennt wie kein anderer, weiß es natürlich genau wo es uns "packen" kann.

Freilich würde ich nicht darauf anspringen, wenn "mein" Ego mir erzählen würde, dass jemand über mein Aussehen eine "gemeine" Bemerkung gemacht hätte... , weil:

mir das völlig egal ist, was andere über mein Aussehen sagen. Nein, unser Ego kennt natürlich unsere Schwachstellen und genau **da** reitet es immer darauf herum. Immer schön Salz in die Wunde streuen. Richtig gemein!!

Aber nur oberflächlich betrachtet. Beim genaueren Hinsehen ist das natürlich nicht so: Ohne unser Ego, würden wir nicht an unsere verborgenen oder verdrängten Gefühle herankommen. So können sie herausgelockt werden um gesehen und aufgelöst werden.

Dies soll jetzt kein Buch über das Ego und das Auflösen unguter Gefühle werden. Dazu habe ich schon sehr viel geschrieben. Falls dich das Thema näher interessiert, in diesem Büchlein kannst du näheres erfahren.

DIE ACHTERBAHN DER GEFÜHLE,

oder auch gerne jede Menge in meinem Blog.

In der Angelegenheit muss man stur sein wie ein Esel:

Jedesmal wenn es nicht klappt und man sich wieder ärgert oder vielleicht sogar ausflippt, sollte man einfach das nächste Mal wieder achtsam sein.

Vielleicht hilft dir dabei mein Trick:

Ich selbst habe mir eine Art Code eingetrichtert, der automatisch in meinem Gehirn hell aufleuchtet, damit ich in dieser niedrigen Schwingung keinen Blödsinn mache. Durch meine jahrelange Übung, habe ich Gott sei Dank den Status erreicht, dass ich kaum noch abrutsche. Doch "ohne" geht es nicht, solange wir noch hier in der Dichte leben. Das ist völlig normal. Auch erleuchtete Menschen rutschen ab, doch für sie ist das kein Problem. Sie sind achtsam und haben eine hohe Grundschwingung, so dass sie nie völlig unbewusst werden.

Wenn ich auf Talfahrt gehe, weiß ich sofort **warum** das so ist, also was der Auslöser ist.

Es gibt unzählige Auslöser für so ein Disaster.

Ich habe der Schwingungserhöhung ein extra Büchlein gewidmet. 77 Tipps um die Schwingung zu erhöhen- die Gegenteile dazu senken natürlich die Schwingung.

Wenn ich sage: Ein wundervolles Essen kann die Schwingung heben, kann natürlich Hunger oder ein fettes und unbekömmliches Essen, die Schwingung schnell auf Talfahrt bringen.

Grundsätzlich ist natürlich körperliches Wohlbefinden immer wichtig um seine Schwingung hochzuhalten.

Du wirst für dich sicherlich ganz genau wissen, bei welchen Lebenssituationen du auf Talfahrt gehst. Dementsprechend achtsam solltest du sein, wenn du lieber ein leichtes Leben führen möchtest.

Mein Trick ist:

"Ich glaub dir kein Wort" Das Programm geht bei mir sofort los, wenn mein Verstand Blödsinn erzählt. Dann fühle ich sofort das Gefühl, das sich zeitgleich bemerkbar macht und warte bis es vorbei ist. Ich nehme das, was ist einfach an, auch wenn mein Verstand Amok läuft. Ich weiß, es ist alles völlig in Ordnung so wie es ist.

Stück für Stück brennt sich die neue Angewohnheit in die Gehirnleiterbahnen ein- irgendwann kannst du nicht mehr anders, als ruhig und gelassen zu sein. Dann ist es dir egal, was jemand zu dir sagt oder was aus dem Fernseher wieder für Blödel-Nachrichten kommen. Du bist mit dir im Frieden und die Welt ist in Ordnung- **deine** Welt ist in Ordnung. Nur um das geht es: **Du** sollst deinen inneren Frieden finden, dann kann dir der Unfrieden im außen nichts anhaben.

Diesen inneren Frieden zu finden, ist das höchste Ziel, das wir auf Erden erreichen können. Ein himmlisches Gefühl.

Jeder einzelne Mensch, der diesen Frieden in sich findet und lebt, trägt dazu bei, dass wir unsere Schwingung als Gesellschaft erhöhen und damit ein besseres Leben, für uns als Gemeinschaft, kreieren können.

Alles ist mit allem verbunden

Trennung ist eine Illusion und wird in der 3. Dimension gelebt. Freilich, das kann man in unserem "normalen" Alltag gut sehen. Jeder Mensch wohnt für sich in einer Wohnung, geht in seine Arbeit und kauft für sich mit seinem Lohn, ein. Kaum einer kommt auf die Idee und kauft einen Korb Lebensmittel oder Klamotten und stellt sie bei seinem Nachbarn oder einem anderen fremden Menschen vor die Haustüre, einfach so.

Wir finden das schon "großzügig", wenn wir Weihnachten bedürftigen Menschen etwas spenden.

"Unsere" Grundstücke sind sogar eingezäunt, damit kein "unbefugter" Mensch dieses Stück Land betreten kann, das in einer Urkunde als "unser" Besitz bezeichnet wurde.

Eine lustige Vorstellung, ein Stück Land zu besitzen. Besser wäre es doch, es als eine Leihgabe zu bezeichnen. Eines ist doch völlig klar: Mitnehmen können wir kaum etwas, außer unseren Erfahrungen die wir auf der Erde gemacht haben.

Stelle dir vor, du bist beim Einchecken vor dem Himmelstor und Petrus kommt heraus. Du stehst mit deinem Köfferchen da und bist mächtig aufgeregt.

Nachdem Petrus dich gebeten hat, einen Blick ins Köfferchen werfen zu dürfen, wirst du sicherlich ein bisschen verwirrt sein, wenn er sich kaputt lacht, bei der Durchsicht deiner Akten:

Grundbuchauszug, Wertpapiere und Aktienpakete, alles fein säuberlich abgeheftet...

Tja, spätestens bei deiner Heimreise, wirst du erkennen, dass du in deinem Leben in eine falsche Richtung gelaufen bist. Besser wäre es allerdings, wenn du schon während deiner Lebenszeit erkennen würdest, dass es keine Trennung gibt.

Vielleicht helfen die eigenartigen neuen Lebensverhältnisse, diese alten Muster aufzulösen.

Diese Illusion leben wir hier in der Dichte. Wenn wir aufsteigen in eine höhere Schwingungsebene, erkennen wir, dass alles miteinander verbunden ist. Genau **das** ist das Ende unseres Leidensweges.

"Noch" verhält sich der Mensch völlig lieblos dem Rest der Erdenbewohner gegenüber, weil er egoistisch ist. Er schaut nur auf sich und nicht auf seine Mitmenschen. Ich sage bewusst: Erdenbewohner, weil es hier nicht nur um Menschen geht, nein, gleichermaßen geht es auch um die Tiere, Mineralien und die ganze Vegetation.

Der Turm ist hoch genug

Die Illusion der Getrenntheit lässt die Menschen das Leben nicht als Ganzes sehen. Jeder sieht nur **sein** Leben, vielleicht noch das seiner Familie. Es gibt natürlich Menschen, die das Ganze sehen, meist arbeiten sie in sozialen Berufen. Das Erwachen der Menschen ist das Erkennen, dass wir alle, auch die Tiere und Pflanzen, miteinander verbunden sind.

Es wird ein großes Umdenken geben müssen. Wenn unsere Lebensausrichtung auf das "**wir**" gerichtet ist, werden sich sämtliche Probleme der Gesellschaft auflösen.

ALLES WAS DU AUSSENDEST KOMMT ZU DIR ZURÜCK

Das ist toll. Wer sich kräftig ins Zeug legt und sein Herz öffnet und viel Gutes anderen Bewohnern zukommen lässt, profitiert selbst am allermeisten davon.

Eine echte **Win-Win** Situation.

Wer weiß, vielleicht muss immer wieder einmal die Notbremse gezogen werden. Der Mensch übertreibt es gerne, wenn es ihm zu gut geht. Sicherlich kennst du die Geschichte vom Turmbau zu Babel, so ähnlich kommt es mir momentan vor. Die Menschheit steigt auf in eine höhere Bewusstseinsebene und fällt nach ein paar tausend Jahren, wieder in eine "Unbewusstheit" bis sich alles wieder dreht. Wir sind jetzt im Wassermannzeitalter angekommen, es geht wieder aufwärts.

Aufwärts im Sinne von bewusster werden, nicht aufwärts im Sinne von Wirtschaftswachstum. Ganz im Gegenteil der Kapitalismus wird uns erst einmal um die Ohren fliegen und noch einiges mehr...

Wir schauen jetzt aber nicht in die Glaskugel, das macht wenig Sinn. Wir leben immer **jetzt** und auf das sollten wir uns konzentrieren.

Es ist schon wieder jetzt

Warum ich "schon wieder" geschrieben habe?

In spirituellen Schriften wird ständig über den gegenwärtigen Moment geschrieben. Es ist immer jetzt und dass es wichtig wäre "bewusst" in der Gegenwart zu leben.

Vielleicht ist es eine kleine versteckte Entschuldigung meinerseits, damit du nicht denkst, dieses Thema wäre schon sowas von ausgelutscht und wird nur als Lückenfüller benutzt. Nein, ich möchte diesem kleinen Wörtchen noch ein Kapitel widmen, weil es immer bedeutend für unser Leben ist, aber ganz besonders in dieser außergewöhnlichen Zeit, in der wir gerade leben.

Ich weiß natürlich nicht wie es dir mit den Veränderungen, die uns alle betreffen, so geht. Wie auch? Ich kenne dich ja nicht. Ich kann immer nur von mir berichten, oder von Menschen die mir freundlicherweise von ihrem Leben erzählen. Jeder einzelne Mensch bildet sich seine Meinung über die Geschichte, die uns gerade präsentiert wird. Da gibt es eine sehr große Bandbreite an verschiedenen Variationen.

Ich wundere mich manchmal, falls ich doch einmal den Fernseher anschalte, dass die Berichterstatter nicht alle mit Pinocchio-Nasen herumlaufen... Mehr fällt mir dazu nicht ein.

Das ist mit ein Grund, warum ich mich bezüglich der Berichterstattung zurücknehme- jedes Mal, sinkt die Schwingung, das möchte ich nicht. Ich weiß, die höhere Energie ist jetzt besonders wichtig, darum lass ich das lieber sein, mit dem Nachrichten anschauen. Ich gehe lieber in den Garten oder in den Wald, da fühle ich mich pudelwohl, meine Energie ist oben und die Welt ist für mich in Ordnung. So kann ich der Menschheit am allermeisten dienen- mit meiner hohen Energie.

Das Gleiche gilt natürlich auch für dich. Jeder Augenblick zählt.

Verschiebe dein glücklich sein nie auf Morgen oder auf das nächste Wochenende. Viel zu viele "jetzt"-Zeiten werden vergeudet. Jeder Moment ist unsagbar kostbar, kommt er doch nie wieder zurück.

Du kannst immer nur jetzt leben, sonst nie. Jegliche Planung in die Zukunft, vergeudet dein Leben.

Schau, wir sehen es doch jetzt am allerbesten:

Die Urlaubsplanungen für dieses Jahr sind wohl gründlich in die Hose gegangen. Es können plötzlich Ereignisse in das Leben eintreten, die uns einen Strich durch die Rechnung machen. Wer hätte letztes Jahr um diese Zeit mit solch einem Szenario gerechnet?

Freilich ist es sinnvoll bestimmte Dinge zu planen, das geht gar nicht anders in unserem Leben.

Doch Leben können wir immer nur von Moment zu Moment.

Diese tief greifende Erkenntnis kann einem wirklich den allergrößten Teil der Probleme abnehmen, beziehungsweise auflösen.

Wenn du Kummer hast und dich auf deine Arbeiten im Moment voll und ganz konzentrierst, rückt dein Kummer ganz weit nach hinten. Du kannst dich nicht zu 100 % über deinen Mann ärgern, wenn du dich voll und ganz auf das Zwiebel-schneiden konzentrierst. Du tauchst völlig ein und die Gedanken und der Groll verschwinden langsam und verlieren an Bedeutung. Ein wunderbares Gefühl.

Mit dieser Methode kannst du vielen unangenehmen Lebenssituationen ein Schnippchen schlagen.

Probleme sind oft nur im Kopf vorhanden, also nicht real. Sie quälen uns, obwohl gar kein aktuelles Problem da ist.

Kennst du das auch?

Während du im Bett liegst und sehnsüchtig darauf wartest in das Lummerland zu gehen, du bist schon bei Schaf Nummer 3534 angelangt, rattert es in deinem Kopf unaufhörlich. Da kommen Geschichten hoch, die du schon längst zu den Akten gelegt hast. Der Ärger mit deiner früheren Arbeitskollegin, deine erste gescheiterte Ehe oder das Gerichtsverfahren mit deinem unliebsamen Nachbarn. Leider kommen selten lustige und schöne Geschichten in solchen Momenten in das Bewusstsein, nein immer die nervigen alten Kamellen. Jetzt heißt es achtsam sein und die Notbremse ziehen, sonst hängt man schnell in einer Endlosschleife gefangen und verschwendet schnell einmal ein paar Stunden der wertvollen Nachtruhe.

Gut ist es jetzt, wenn du dir für solche Fälle ein Codewort oder ein Ritual angewöhnt hast umd dem Gedankenkarussell zu entfliehen.

Wie schon gesagt, bei mir ist es der Satz: "Ich glaub dir kein Wort!" Das ist an mein Ego gerichtet.

Die Energien sind wirklich sehr, sehr intensiv- da gibt es für alle von uns die eine oder andere Nacht in der wir schlecht oder kaum schlafen können. Das ist normal. Eine gute Zeit mit dem meditieren anzufangen. Keine Angst ich halte jetzt nicht wieder einen Vortrag, wie ungemein bereichernd Meditation ist. Ich lasse es bei dem sanften Hinweis (grins)

Es sind wahrlich verrückte Zeiten! Ein Hammer folgt auf den nächsten. Es geht zügig voran, das freut mich sehr. Ich weiß, momentan wird alles scheinbar immer noch schlimmer. Ich will dich jetzt nicht mit dem blauen Himmel ohne Streifen und den sauberen Lagunen von Venedig langweilen- obwohl:

Ganz ehrlich, ich kann mich an dem blauen Himmel nicht satt sehen. Das kenne ich überhaupt nicht: Ein strahlend blauer Himmel, völlig "sauber", ohne Streifen, ein Traum. (das musste einfach sein! (zwinker))

Alles wird durcheinander gewirbelt und die Gefühle gnadenlos aus dem letzten versteckten Winkel hochgeholt. Da **muss alles** hoch, das kann wirklich herausfordernd sein. Zudem kommen natürlich die materiellen Veränderungen, die vielleicht ängstigen können. Der Arbeitsplatz ist nicht mehr sicher. Ich kenne deinen Beruf nicht, aber vielleicht bist du Pilot und sitzt jetzt daheim, weil die Flieger eingepackt und eingeparkt sind und strickst jetzt Söckchen. Klar, da kommt jeder ein wenig ins Grübeln. Wie soll es nur weitergehen, wenn die Wirtschaft an die Wand fährt?

Freilich eine Existenzangst ist auch eine Form der Angst. Hier kann ich dir denselben Ratschlag geben wie bei den anderen unangenehmen Gefühlen auch: Fühle was hochkommt und lass es im Anschluss gehen.

Falls du verzweifelt bist oder gar zornig über die Geschichten die gerade gespielt werden, kommst du an der Akzeptanz nicht vorbei, wenn du wieder klar sehen möchtest.

Die Akzeptanz öffnet sämtliche Türen

Ich wiederhole mich, wenn ich feststelle dich natürlich nicht zu kennen, deshalb kann ich nur mit Beispielen, aus dem Leben anderer Menschen aufwarten.

Egal wie du die Lage in unserer Welt einschätzst, es wird bei dir innerlich sicherlich etwas bewegen. Vielleicht grummelt es so vor sich hin, weil du nicht mit den ganzen Maßnahmen einverstanden bist oder du bist sogar vogelwild unterwegs, dir stehen die Haare zu Berge und dein Blutdruck ist permanent auf 200! Vielleicht bist du auch ein kranker Mensch und hast Bammel, dass dich noch zusätzlich etwas befällt und deswegen innerlich unruhig. Momentan sind wahrscheinlich die ganze Bandbreite Gefühle im Äther unterwegs.

Ich kann das spüren, wenn ich hinausgehe, da denke ich tatsächlich, ich wate durch einen zähen "Batz". (für Nicht-Bajuwaren: Schlamm)

alles fühlt sich richtig dicht und undurchlässig an, ein komisches Gefühl.

Empathen haben zurzeit kein leichtes Leben, selbst wenn sie sich selbst gut im Griff haben, also ihre Schwingung gut hochhalten können, müssen sie die Energie der restlichen Menschen mit-fühlen.

Das ist kein Spaß und mega-anstrengend.

Es bedarf wirklich einiger Übung, sich aus diesem Feld herauszunehmen und locker flockig als Krankenschwester verkleidet im Supermarkt die Butter zu suchen. Vielleicht ist es jetzt an der Zeit im Bioladen einkaufen zu gehen, da ist es nicht so gruselig.

Es gibt einige wirklich standhafte Lichtsäulen, die haut so schnell nichts um. Solltest du auch zu dieser Spezies gehören die trotz Weltensturm immer noch mit einem Dauergrinsen und einem flotten Spruch auf den Lippen durch die Gegend wandeln, dann kannst du mit deiner guten Laune den Menschen viel von ihrem Gepäck abnehmen. So löst du ungemein viel dunkle Energie auf, das ist toll und ein sagenhafter Liebesbeweis.

Dazu solltest du aber wirklich gefestigt sein und bombenfest im Sattel sitzen. Ansonsten fängst du dir noch etwas ein und brauchst selbst Hilfe um wieder in Ordnung zu kommen. (damit meine ich ganz sicher keine Bazille)

Solltest du mit dir selbst genug zu tun haben, dann gehe am besten nicht soviel in die Welt hinaus. Man kann sich heutzutage ja alles Mögliche liefern lassen. Verstehe mich nicht falsch, ich möchte dich nicht in die Einsamkeit treiben, ganz im Gegenteil. Wir sollten uns wieder viel mehr miteinander verbinden und unsere Herzlichkeit zeigen und auch leben!

Gruselige Orte sollte man meiden, wenn man nicht so stabil ist. Du wirst selbst wissen, wo du dich nicht mehr wohlfühlst, vielleicht ist es auch nur der Nachmittagskaffee bei der Schwiegermutter..

Egal wie du dich momentan fühlst oder durch welche Brille du die Welt betrachtest, solltest du innerlich einen Widerstand spüren, ist es Zeit die Ereignisse so wie sie sind zu akzeptieren.

Bevor du jetzt erbost das Büchlein in die Ecke pfefferst, lies bitte noch ein bisschen weiter.

Akzeptanz hat nichts damit zu tun, dass man mit etwas einverstanden ist. Akzeptanz heißt nur, die Dinge wie sie jetzt sind als das, was sie nun einmal sind, zu akzeptieren.

Es wird Zeit ein Gebet zu sprechen:

"Lieber Gott,

gib mir die Gelassenheit,

Dinge hinzunehmen, die ich nicht ändern kann,

den Mut, Dinge zu ändern, die ich ändern kann

und die Weisheit, das eine vom anderen zu unterscheiden."

Dieses Gebet ist unwahrscheinlich kraftvoll.

Das als Mensch hinzukriegen, ist echte Königsklasse.

Wer das beherrscht ist ein wahrer Meister.

Stelle dir das einmal vor: Du entscheidest immer **richtig** wann du jemanden am Schlawittel (Kragen) packen oder wann du es lassen sollst. (grins)

Nein, ohne Witz, wenn man immer die Situationen "richtig" einschätzt und dementsprechend handelt oder nicht, hat man einen riesigen Bewusstseinssprung hingelegt. Gut "immer" ist so eine Sache...

Selbst erleuchtete Menschen flippen einmal aus, das ist normal und menschlich. Wer den ganzen Tag völlig vergeistigt und verklärt mit einem Dauergrinsen durch das Leben wandelt und keine menschliche Gefühlsregung mehr zeigt, ist vielleicht schon tot und hat es nur noch nicht gemerkt!

Klar, Dauergrinsen ist toll, nur sollte man aufpassen, dass man nicht in der Klapse landet- heutzutage passiert das schnell. (lächel)

Ja, aber genau deswegen sind wir ja hier auf dem Erdenplaneten gekommen um zu üben. Wir haben genug Gelegenheiten um unsere Meisterschaft zu erreichen.

Jetzt ist Achtsamkeit gefragt. Wir müssen auf der Hut sein, um besonnen zu handeln. Schnell lässt man sich in Diskussionen hineinziehen, die nicht gerade zu unserm Wohlbefinden beitragen. Meist entsteht schnell eine ungute Energie und man geht geschwächt aus dem Kampf heraus. Die Welten trennen sich. Wenn wir jetzt auf Bewohner der anderen Welt treffen, dann kann es schnell ungemütlich werden. Es gibt kaum noch gemeinsame Nenner.

Es sind schon lustige Zeiten: Selbst "normale" Gespräche arten schnell aus und können richtig kräftezehrend sein.

Auch zu diesem Thema möchte ich ein kleines Kapitelchen schreiben.

Du kannst die enorme Kraft der Akzeptanz testen, es ist wirklich erstaunlich wie schnell sich eine Situation ändert:

Wenn du das nächste Mal in eine Situation kommst, die für dich überhaupt nicht "akzeptabel" erscheint, gehst du in dich und nimmst das unabänderliche an, als das was es ist.

Sagen wir einmal du stehst vor einem Volltrottel (ich weiß, das gibt es nicht, jeder Mensch ist wie er ist, man sollte nicht werten) und dir geht in dem Moment der Hut hoch, nachdem du ihm eine halbe Stunde lang geduldig zugehört hast. Jetzt holst du Luft und...

Und: sagst nichts.

Du akzeptierst, dass du vor einem Volltrottel stehst und fertig. Die Akzeptanz, dass du diesen Menschen mit seiner Meinung **nicht** ändern kannst, ändert alles! (das ist lustig, erst nichts ändern, dann ändert sich alles!! Wer soll da noch mitkommen?) (Davon abgesehen, ist er auch nicht wirklich ein Trottel, er benimmt sich nur so komisch, damit **du** etwas lernen kannst)

die Akzeptanz einer Situation, die du **nicht** ändern kannst, ist so kraftvoll, dass sie mit nichts zu vergleichen ist.

Das ist Hingabe.

"Lieber Gott, hier bin ich"

"Ich gebe mich dir völlig hin"

Dann ist die Handbremse gelöst und alles kann fließen. Du gibst alles aus der Hand, du lässt die geistige Welt wirken und dir helfen.

Wenn wir immer selber "herummurksen", sind wir in einer angespannten Energie. Ständig wollen wir etwas verändern. Irgend etwas passt uns immer nicht.

Fühl doch einfach einmal in dich hinein, wenn dir das nächste Mal etwas nicht gefällt. Das fühlt sich im Bauchraum angespannt an.

Gibst du auf, wird es leicht.

Versuche den Kampf aufzugeben.

Nein!

Das war nicht richtig ausgedrückt: nicht **versuchen**, sondern auch wirklich **tun**. Gib den Kampf auf, dein Leben wird paradiesisch werden. Du glaubst gar nicht wie leicht alles wird. Es scheint, als hätte dir jemand einen Zentner schweren Stein von den Schulter genommen. Es ist richtig entspannend sich einmal nicht selber ans Steuer setzen zu müssen. Lass dich doch einfach Mal kutschieren. Setze dich hinten in den Bus hinein und schau, wohin die Reise geht.

Hab Vertrauen.

Das Leben meint es gut mit dir.

Schau es war so:

Vielleicht kannst du dich noch erinnern, vielleicht auch nicht.

Damals, als du noch als Geist zwischen den Wolken umherschwirrtest, war dir so langweilig, dass du dich entschieden hast, wieder einmal eine Runde auf der Erde zu drehen. Du hast deine Freunde zu dir auf deine Wolke, Nummer 38 eingeladen, um eine Lagebesprechung abzuhalten.

Anschließend hast du sie über dein Vorhaben informiert und in die Runde gefragt, wer denn dieses Mal mitkommen möchte. Du bräuchtest ein paar Mitspieler um dein Leben interessant gestalten zu können. Ja und dann möchtest du noch jede Menge Erfahrungen sammeln, damit deine Seele wieder um ein Stückchen reifer werden würde. Dazu müssten ein paar Rollen besetzt werden. Also 5 deiner Freunde haben sich sofort bereit erklärt mit in deiner näheren Umgebung zu inkarnieren, um dich ein wenig zu schikanieren. Sie freuen sich schon auf ihren Job- gerne sind sie dir zu Diensten. Viele Male hast du in ihren Leben auch mitgespielt. Einmal liebenswerte Rollen, dann wieder grausame Besetzungen. Na ja, so ist es halt, um zu lernen, brauchen wir eine komplette Besetzung. Wenn wir nur "Friede, Freude, Eierkuchen" spielen wollen, brauchen wir ja nicht vom Himmel hinunter auf die Erde, das können wir im Himmel den ganzen Tag haben.

Wir wollen zwischendurch mal Aktion und auch ein bisschen was zum Gruseln. Da sollte schon einmal ein Banküberfall mit richtig Spannung und anschließender Verhaftung dabei sein- vielleicht sollte auch ab und zu einer über die Klinge springen. (grins).

Es ist alles nur ein riesengroßes Spiel, mit knapp 8 Milliarden Spielteilnehmern. Gut, mit allen spielen wir ja nicht gleichzeitig, das ging rein zeitlich gesehen schon gar nicht. Nein, durch die riesengroße Erde haben wir unzählige Möglichkeiten **Verschiedenes** zu spielen.

Ein Leben als Häuptlingsfrau in einem Land in Afrika ist doch völlig "anders" als ein Börsenmakler in New York zu sein. Das ist doch wirklich toll, wir haben ein Spielfeld, dass uns unbegrenzte Möglichkeiten bietet. Von großer Freude bis hin zu unsäglichem Leid ist alles möglich.

Durch den Schleier des Vergessens denken wir tatsächlich das Ganze wäre echt!

Das ist wirklich ein kosmischer Witz- vielleicht sogar **der** kosmische Witz überhaupt:

Vor unserer eigenen Geburt, sitzen wir alle noch zusammen und planen wie wir unser Leben gestalten wollen und nach der Geburt haben wir alles vergessen. Klar, sonst würde es sich ja nicht echt anfühlen und wir könnten dabei keine Gefühle entwickeln und Erfahrungen sammeln.

Stell dir vor, du könntest dich an deine Mitspieler und die Vereinbarungen erinnern, dann würdest du dich ja nicht ärgern, wenn dein Idiotennachbar ständig seinen Laubbläser um 12.00 Uhr Mittag anwerfen würde. (Den Blödel Nachbarn spielt dein Freund Rudi).

Oder der Finanzer, der dich ständig piesackt und jetzt auch noch zur Krönung die Steuerfahndung ins Haus geschickt hat. Der würde dich im Enddefekt nur zum Grinsen bringen, wenn du dich erinnern würdest, dass es eigentlich dein Lieblingsseelenfreund Kurti ist.

So macht der Schleier des Vergessens schon Sinn, weil das Leben sonst wirklich nicht spannend und erfüllend wäre.

Ein Teil des harten Kerns bleibt zurück in der geistigen Welt und wirkt aus der Ferne, also vom Himmel aus. Sie beobachten wie du deinen Seelenplan erfüllst und kommen, wenn du um Hilfe bittest und greifen dir unter die Arme.

Wir Menschen haben einen freien Willen, das beinhaltet auch, dass wir Blödsinn machen und auch leiden dürfen.

Am meisten lernen wir immer, wenn es uns so richtig schlecht geht. Entweder durch eine Krankheit, den Verlust eines lieben Menschen oder einer anderen Katastrophe. Darum ist es lieb von dir gemeint, wenn du jemanden helfen möchtest, weil es ihm schlecht geht.

Sollte derjenige aber seinen Seelenplan nicht erfolgreich beenden können, nur weil du dich als Gutmensch eingemischt hast, na dann gute Nacht, wenn ihr euch wieder auf eurer Wolke trefft. Der wird dir schön den Kopf waschen, weil du ihm seine Chance zur Überwindung einer Sucht oder dergleichen abgenommen hast und er nichts lernen konnte, weil du dich ungefragt eingemischt hast.

Wenn du jemanden kennst, der leidet, der vielleicht gerade sein Leben voll gegen die Wand fährt, dann lass ihn einfach. Es ist **sein** Leben, er darf das. Jeder darf alles. Das geht niemanden etwas an. Denke auch daran bei sogenannten "schlimmen" Erlebnissen. Es ist nichts **wirklich** schlimm. Auch das sind Erfahrungen. Freilich sage ich das jetzt so leicht daher, weil es mich selbst nicht betrifft. Ich möchte dir nur zeigen, dass alles nicht so schlimm ist wie es auf den ersten Augenblick erscheint.

Ich habe der geistigen Welt des Lichts, eine Generalvollmacht gegeben- sie sollten immer getreu nach meinem Seelenplan für mich einschreiten, wenn ich mich verfahre.

Das ist Vertrauen. Ich habe das Ruder abgegeben. Ich weiß, meine zurückgebliebenen Seelenfreunde und auch die Engel und die aufgestiegenen Meister des Lichts, werden immer dann einschreiten, wenn es nötig ist.

Das ist doch eine tolle Angelegenheit, oder?

So bin ich fein raus, und muss nicht immer alles selber lenken. Ich weiß, sie würden nie etwas in die Wege leiten, was mir schaden würde. Klar, wenn es was zu lernen gibt, dann lassen sie mich auch leiden.

Ich fühle mich geschützt und geführt. Natürlich weiß ich, dass immer für mich gesorgt ist.

Mein erster und auch mein letzter Satz am Tag ist:

Ich gehe in Resonanz zur bedingungslosen höheren Liebe,

ich verbinde mich mit Mutter Erde und mit der Urquelle allen Seins.

Ich öffne mein Herzchakra ganz weit und

lenke meine Aufmerksamkeit auf mein Kronen Chakra.

So kann nichts schiefgehen. Was auch?

Egal was passiert, es dient alles dazu, um meinen Plan auf der Erde zu erfüllen. Alles gehört dazu, auch der Idiotennachbar und auch der nervtötende Vorstand vom Kegelverein aber auch das wundervolle Töchterlein und die liebenswürdige Tante.

Das Leben ist unsagbar schön.

Wenn wir uns die Zusammenhänge wieder ins Bewusstsein rufen, können wir locker werden und vertrauen.

Sollte es dir das nächste Mal richtig schlecht gehen, dann denke an deine unsichtbaren Freunde und bitte sie um Hilfe. Sie sind nur einen Gedanken von uns entfernt. Sie warten nur darauf, dass sie dir helfen dürfen.

Denke daran, auch wenn es schwerfällt, akzeptiere das Unabänderliche als das, was es ist, dann wirst du von wundervollen Erlebnissen nur so überschüttet werden.

Das Schwingungsfeld der bedingungslosen Liebe

Diese Ebene ist die für uns "Normalos" die höchste Schwingunsebene die wir auf Erden erreichen können. Ich hoffe, du fühlst dich als "Normalo" betitelt nicht gekränkt, wenn doch, dann muckt dein Ego auf... (grins). Gemein gell? Ja zurzeit ist es wieder stark, unser Ego, das nächste kleine Kapitelchen ist dem meist unliebsamen Zeitgenossen gewidmet. Jetzt wollen wir in die hohen Lüfte der Liebe aufschwingen.

Es gibt eine sehr große Anzahl spiritueller Publikationen, dass man da leicht den Überblick verliert. Viele Ratschläge für ein besseres Leben werden veröffentlicht. Das ist sehr hilfreich, wenn man selbst nicht weiterkommt. Manchmal versteht man die Welt einfach nicht mehr und sucht nach Lösungen. Klar, dazu brauchen wir nicht den Fernseher einzuschalten, da kommen nur zusätzliche Probleme und kaum Lösungen für Probleme mit dem Leben.

Als ich auf meinem Weg der Suche war, las ich viel und es gab Lösungen, die mir gefielen.

Für mich persönlich hilfreich waren folgende Erkenntnisse:

Es ist immer **jetzt**. Das Lernen im Augenblick zu leben, bedeutet nichts anderes als wirklich zu leben. Wer im Moment voll und ganz lebt, ohne mit dem Verstand woanders zu sein, der lebt. Fertig. Deswegen sind wir ja auf der Erde: Um zu leben, nicht mehr und nicht weniger.

Es gibt unterschiedliche **Schwingungsebenen**:

niedrige Schwingung: Leben beschwerlich, ungemütlich, viele Probleme und auch Krankheiten. Ich würde mal sagen: einfach nicht schön.

Hohe Schwingung: Hier erlebt man das sprichwörtliche Paradies, den Himmel auf Erden. Alles ist leicht und unbeschwert. Überfluss an allen Ecken und Enden. Ein wunderbares Gefühl die Liebe zu spüren. Gesundheit und Wohlbefinden sind hier beheimatet. Alles ist fein. Die gebratenen Tofuwürstel fliegen einen direkt in den Mund! Ein Traum, der Realität ist. Wenn man in dieser hohen Daseinsebene lebt, stört einen nichts.

Wir erschaffen uns selbst unsere Welt:

So wie wir denken und fühlen, genauso wird sich uns die Welt zeigen. Sind wir missmutig und böse, werden wir dementsprechend nicht gerade freundliche Menschen treffen.

Dagegen sind wir liebevoll, gutmütig, herzlich, mitfühlend und dankbar, werden wir sonnige Mitmenschen in unser Leben ziehen und ziemlich locker flockig durch die Lebensjahre kommen.

Kraftvolle Werkzeuge die das Leben viel leichter machen können sind:

Dankbarkeit:

Ein dankbares Herz zieht magisch das Gute an. Wer dankbar ist wird viel vom Leben bekommen.

Akzeptanz:

Wer das Leben so annimmt wie es ist, löst die Handbremse und Wunder können geschehen. Das ist Hingabe. Wir haben unseren Seelenplan selbst geschrieben, also müssen wir uns nirgendwo beschweren, wenn es einmal nicht so läuft.

Geben ist seliger denn nehmen:

Großzügige Menschen erhalten vom Universum alles, plus großzügigen Bonus, wieder zurück- was sie hinausgeben. Ob materielle Geschenke oder die Liebe, alles kommt wieder zurück. Eine tolle Einrichtung. Nichts geht verloren, alles wird fein säuberlich im Himmel aufgeschrieben und auch wieder vergütet. Eine "perfekte" Buchführung, im Himmel wird nicht beschissen. (grins)

Man muss sich nicht zu einem Gutmenschen verbiegen:

Nein, das Leben zu lieben, zu lachen und einfach Spaß zu haben, das reicht. Wer mit voller Hingabe ein gemischtes Eis oder eine Pizza genießt, der hat den Himmel auf die Erde geholt. So einfach ist das. Jeden Augenblick, in dem wir uns freuen, sind wir auf der hohen Bewusstseinsebene der Liebe angelangt und somit schon quasi im Himmel. Ist das nicht toll? So einfach ist das? Wo ist nur die Telefonnummer vom Pizzadienst- da krieg ich gleich Hunger.

Das Leben ist überhaupt nicht schwer:

Es ist sogar so leicht, dass es schwer ist das zu verstehen! (haha, das ist lustig, da hängt sich gleich die Festplatte auf) Im Ernst, da muss man erst einmal einiges wieder vergessen, um es locker angehen zu lassen: Uns wurde immer erzählt man müsse sich anstrengen, studieren und solche Dinge um erfolgreich und dann glücklich zu sein. Ganz ehrlich, ich kenne jede Menge erfolgreiche Menschen, die alles andere als glücklich sind. **Und**, ich kenne einige Menschen, die es zu nichts gebracht haben und sehr glücklich sind. Das sind die Menschen, aus deren Augen es richtig heraus-blitzt. Die über das ganze Gesicht strahlen. Ihnen ist das Glück ins Gesicht geschrieben, meist haben sie viele Falten vom Lachen. Herrlich- Lachfalten! **Das** sind die wirklich erfolgreichen Menschen, die einfach glücklich sind- egal wie und mit was.

Glücklich sein ist ein Seinszustand, ein Gefühl. Das hat etwas mit Liebe zu tun. Ein offenes Herz ist der Garant für das Spüren der Liebe, dann ist man glücklich und könnte den ganzen Tag nur Blödsinn machen.

Lachen ist das Beste im Leben

Manchmal verstehen das die Menschen nicht, wenn man das Leben nicht so ernst nimmt. Momentan scheinen die Menschen das Lachen vergessen zu haben. Sie verstecken ihre Gesichter hinter Tüchern, man könnte denken alle seien jetzt in eine andere Religion eingetreten, und niemand findet das lustig. Weißt du, natürlich ist die ganze Situation jetzt einfach nur zum Weinen, in vielerlei Hinsicht. Erinnere dich immer wieder daran, dass wir alle zusammen einmal etwas ausgemacht haben bevor wir hierherkamen.

Es sind außergewöhnliche Zeiten, wir sind in der Endphase des Aufstiegs angelangt. Es wurde vor langer Zeit prophezeit, dass es stürmisch werden wird und sich "komische" Dinge in der Welt zeigen werden. Damit die Wahrheit ans Tageslicht kommen kann, **müssen** solche komische Dinge passieren, damit die Menschen merken: "Aha, da stimmt doch was nicht!" Was auch immer nicht stimmt... egal, aber es geht um das Erkennen: irgendeiner flunkert doch. Das Rätselraten ist groß, wer hier nicht ordentlich spielt. Einer oder mehrere schummeln. Egal, wir finden es heraus, oder? So, jetzt sollen wir mal eine Runde Fasching spielen- wer nicht mitspielt, muss ordentlich Scheine auf den Tisch legen.

Jetzt ist es wirklich wichtig sich nie zu ärgern, höchstens zu wundern und am besten sich auf etwas Normales und Schönes zu konzentrieren.

Unsere Schwingung bleibt am allerbesten oben, wenn wir viel lachen. Wir könnten ja genau deswegen lachen. So ging es mir erst in einem Baumarkt. Ein Mann und ich mussten wirklich lachen, als wir uns gegenseitig ansahen, wie deppad (dumm) wir aussahen. Das war echt lustig. Klar, ich fühlte natürlich, dass der Mann auch so ist, wie ich. Ich würde natürlich nicht einen Menschen auslachen, der Angst hat, das wäre gemein und nicht wirklich nett. Unser Gefühl führt uns immer und ist uns der allerbeste Ratgeber.

Im Bioladen musste ich auch mit einer Frau lachen, weil wir vor lauter Tücher kaum noch was sahen und beinahe zusammen gerumpelt wären.

Lass dir nie eine Gelegenheit entgehen um zu lachen. Das Leben ist doch da um Spaß zu haben, deswegen sind wir doch hier.

Das alles ist doch nicht Ernst, auch wenn die in den Nachrichten immer ihr Betroffenheitsgesicht aufsetzen. Das ist nur ein Spiel.

Sie erzählen uns etwas und wir sollen denken, das wäre echt. Plötzlich kommen andere, die erzählen etwas anderes, das soll auch so sein.

Die Dunklen möchten unsere Schwingung senken, damit sie unsere Energie nehmen können. Wer lacht, der schwingt hoch und derjenige gibt keine Energie ab. Der allerbeste Schutz vor Energievampirismus ist also lachen.

Also setze dich um 20.00 Uhr nicht vor den Fernseher, sondern schau dir im Internet ein paar lustige Filme an, so wirst du für dich und auch kollektiv einen großen Nutzen bringen.

Erst kamen wieder die Flodders im Fernsehen, ich kenne alles in- und auswendig. Herrlich! Ich kann mich immer noch wegschmeißen, klar das ist schon eine "seichte" Handlung, bzw. gar keine, aber ich lache immer noch lauthals, auch wenn ich alles in und auswendig kenne. Wunderbar!

Lasse nicht zu, dass jemand dein Leben zerstört- dein Ego

Oje, jetzt wird wieder mächtig auf dem armen Ego herumgetrampelt. Nein, natürlich brauchen wir es hier in der Dichte, sonst könnten wir sofort Englein spielen und in den höheren Sphären herumgeistern.

Nein, mir geht es einzig und alleine um die "negativen" belastenden Aspekte des Egos, das uns das Leben wirklich zur Hölle machen können. Seine Einflüsterungen können so richtig gemein werden. Klar, die Frage ist die: "Ja wer flüstert denn da eigentlich"? So ganz 100 Prozentig wird man diese Frage nie beantworten können. Freilich, es gibt zahlreiche "Meinungen" darüber, aber so ganz felsenfest beweisbar sind diese Thesen trotzdem nicht.

Ich persönlich sehe das wie bei anderen ähnlichen Mysterien:

Wenn etwas für mich persönlich wirklich von Bedeutung ist, dann möchte ich schon handfeste Beweise haben, beziehungsweise die Wahrheit finden. Da suche ich auch gerne sehr lange, wenn ich etwas wissen will oder muss! Dagegen bestimmte Erklärungen, die mich nicht weiterbringen, aber auch nicht zurückwerfen, lasse ich einfach so stehen und kümmere mich nicht weiter darum.

Das ist auch ein typischer Fallstrick des Egos: **Alles** wissen zu wollen, bis ins kleinste Detail. **Da** möchte sich der Verstand gerne wichtig machen. Also auch eine Fallgrube!

Das Problem ist nicht das Geplapper in unseren Köpfen, nein, es geht um die Aufmerksamkeit.

Glauben wir den Geschichten und beginnen auch noch zu agieren, dann wird es brenzlig. Die Folgen, für diese Handlungen müssen wir natürlich wieder selbst ausbaden und das ist manchmal recht unangenehm.

Wie kann man unterscheiden, welchen Geschichten wir uns zuwenden sollen?

Das kann man pauschal so feststellen:

Immer dann, wenn sich eine Geschichte in deinem Kopf "zusammenbraut", die aus der Vergangenheit stammt, sollten gleich deine Alarmglocken läuten. Freilich, wenn du bewusst eine alte Kamelle hervorholst, weil sie dir dienlich ist um vielleicht ein Problem in der Gegenwart zu lösen, ist das natürlich in Ordnung.

Wir sollen jetzt natürlich nicht alle unsere "alten" Speicher aus der Vergangenheit löschen. Dann wären wir ja alle so etwas wie Zombies! (grins)

Nein, ich denke du weißt genau was ich meine:

Du liegst wach im Bett oder schneidest deine Zwiebeln und plötzlich aus heiterem Himmel geht es los: Da kommt wieder allerhand hoch, was du schon längst vergessen hattest, oder dachtest, dass es schon längst zu den Akten gelegt wurde.

Dein Herz klopft schneller, während du an die Streitereien mit deinem Ex-Mann denkst...

Das ist die eine unangenehme Seite des Verstandes der sich verselbständigt:

Er fängt einfach an zu denken, ohne dass es gewünscht ist. Gefühle, die sich in diesem Moment zeigen, wollen gesehen und liebevoll angenommen werden. Heiße sie willkommen (ich weiß, das ist manchmal fast unmöglich) stelle sie dir als etwas Liebenswürdiges vor, vielleicht ein Tier, das du streichelst. Lass die Gefühle so lange dableiben, wie sie wollen. Sie dürfen gehen, wenn sie wollen. So nimmst du den Druck raus und du wirst sehen, sehr schnell verabschiedet sich der Ärger oder die Wut. Während des Fühlens solltest du bewusst atmen.

Atme gaaaaaanz tief in deinen Bauch durch die Nase ein und

gaaaaaaaaaanz langsam durch deinen Mund wieder aus.

Wiederhole die Atmung immer wieder, bis du ganz ruhig wirst.

Diese Technik kannst du immer anwenden, wenn dir der Hut hochgeht! Immer dann, wenn was in dir grummelt, das sich nicht gut anfühlt. Natürlich auch bei Trauer oder Neid. Übe die Technik, wenn du magst, immer wieder- glaub mir dein Leben wird viel viel leichter für dich sein.

Denn genau **das** macht uns das Leben so schwer:

Unsere eigenen Gefühle! Nur dieses Grummeln in uns, die Wut oder gar der Hass lassen uns ein schwieriges Leben führen.

Wenn wir in der Liebe und lustig sind, dann ist doch alles fein. Dann geht es uns gut, wir freuen uns und sehen alles was toll ist. Dagegen sind wir voller Unmut, dann tut uns zu allem Übel noch etwas weh und wir finden die ganze Welt zum ... na ja, wie auch immer.

Das war meine an mich gestellte Hauptaufgabe in meinem Leben:

Ich wünschte mir nichts sehnlicher als immer glücklich zu sein. Ich wollte keine Wut haben müssen oder sogar ärgerlich sein. Ich wünschte mir, egal was im außen ist, dass ich immer grundlos glücklich sein kann.

Du weißt schon, wenn der Sturm tobt, immer schön gechillt sein und grinsend durch die Lande ziehen. **Das** wollte ich immer.

Gut, ich habe gelernt, dass sich die Notstandsgefühle nicht abschalten lassen. Jetzt wären wir wieder bei den Zombies.

Nein, ein Mensch ohne Gefühle was wäre denn das? Ich habe gelernt, dass es auch toll sein kann einmal richtig wütend zu sein. Hast du einmal bewusst deine Wut gefühlt? Das ist eine gigantische Energie, das ist herrlich. Da kann man enorm viel bewegen. Ich glaube da könnte ich sogar durch eine Wand hindurchlaufen. Wichtig ist nur, dass man lernt, diese aufkommenden Gefühle zu fühlen und nicht unbewusst zu werden. Das könnte unter Umständen gefährlich werden. Klar, wie sonst könnte es Prügelein geben?

Freilich, das Problem in unserer Leistungsgesellschaft ist, dass uns niemand diese wichtige Technik gelernt hat. Unsere Unterrichtsfächer in der Schule gehen völlig am Leben vorbei und bereiten die Heranwachsenden nur auf das Hamsterradleben, aber nicht auf "ihr eigenes Leben", vor.

Bewusstsein wäre ein tolles Unterrichtsfach. Gut, so wie die Welt sich momentan zeigt, wird das wohl erst etwas auf der neuen Erde...

Es gab eine Zeit, da wurde in der Esoterikszene gelehrt, man wäre nur "weit", wenn man grinsend und glücklich durch die Gegegend läuft. Wer traurig oder gar wütend ist, müsse noch viel lernen und wäre noch völlig unbewusst. So ist es nicht. Gefühle haben mit bewusstem Leben nichts zu tun. Gefühle sind da und gehören zu unserem Menschsein dazu. Leichter wird das Leben, wenn man lernt mit seinen Gefühlen auszukommen, nicht "gegen" sie, zu agieren. Das geht ganz schnell nach hinten los. Wer seine Gefühle unterdrückt, nur weil er ein lieber Mensch sein möchte anstatt ein Ekelbatzen, wird entweder ein Magengeschwür bekommen oder einen Psychiater aufsuchen müssen.

Wer sein Innenleben akzeptiert und es liebevoll annimmt, hat es definitiv leichter mit sich selbst. Sind wir doch einmal ganz ehrlich, ist es nicht die schwierigste Aufgabe in unserem Leben sich selbst so wie man ist anzunehmen? Ist es nicht leichter den Partner mit seinen Schwächen anzunehmen als sich selbst? Das Ewige an sich selbst herumgebastle bringt einem selbst nur "zusätzliche" Schwierigkeiten. Man verkrampft sich nur unnötig und kommt keinen Schritt weiter.

Akzeptanz ist ein Schlüsselbegriff. Ich weiß natürlich, dass es leichter gesagt als getan ist. Glaube mir, ich habe selbst alles durchgemacht, ich weiß wirklich wovon ich spreche. Nicht nur einmal war ich in der Hölle, nein eine Zeitlang war ich da sogar Dauergast. Ich habe meine Freunde nicht nur einmal angefleht, mich vorzeitig aus dem Spiel zu nehmen, weil es wirklich kaum auszuhalten war. Gut, keiner hat mich abgeholt, also habe ich stur weiter mein Programm gefahren und weiß jetzt wirklich, dass es funktioniert. Die Akzeptanz von dem was ist, hat eine enorme Kraft.

Das ist Hingabe.

Hingabe an das Leben selbst.

Falls du dich auch unfertig oder gar irgendwie unmöglich findest, o.k. dann ist es so. Stelle es fest und sei ehrlich zu dir, dann bist du halt so. Schau, du hast dir vor dem Eintreffen auf der Erde verschiedene Aufgaben gestellt, vielleicht ist das eine von ihnen. Du willst vielleicht einige Schwächen überwinden, vielleicht aber auch nicht.

Schau, es ist auch eine Riesenhürde von der Theorie in die Praxis zu kommen. Das immerwährende Scheitern ist nervig, gehört aber dazu. Alleine die Erkenntnis, dass du überhaupt merkst, dass du gescheitert bist, ist ein Riesenschritt in die richtige Richtung.

Die Überschrift dieses Kapitels warnt davor, dass du aufpassen sollst, damit dir das Ego nicht dein Leben zerstört. Das hört sich jetzt dramatisch an, ist es auch. Keiner kennt dich so gut wie dein Ego. Es ist seit Anbeginn deiner Seelenexistenz dein Begleiter. Dein Mann ist es nur in diesem Leben, deine Kinder auch, aber dein Ego geht jede Inkarnation mit dir mit und weiß genau wo es dich packen kann. Gemein gell? Freilich jeder hat seine eigenen Schwachstellen und wird "passende" Geschichten aufgetischt bekommen.

Wenn man allerdings ungefiltert dem Ego Glauben schenkt und dementsprechend reagiert, kann der Schuss schnell nach hinten losgehen und das Leben könnte man sich aufgrund unüberlegter Handlungen schnell selber verpfuschen.

Ein Beispiel:

Du bist mit deinem Mann seit 20 Jahren verheiratet. Nach 3 Jahren Ehe, hatte er einmal während einer Betriebsfeier zu viel getrunken und es passierte etwas mit einer Arbeitskollegin. Er beichtete reumütig und war seitdem immer ein vorbildlicher Ehemann. Alles wunderbar, ihr führt eine tolle Ehe.

So, jetzt bist du 50 Jahre alt, hast 30 Kilogramm mehr auf den Rippen als bei deiner Eheschließung, steckst Mitten in den Wechseljahren mit leichten Depressionen, Stimmungsschwankungen und Hitzewallungen. Kurz, es geht dir sehr schlecht und du fühlst dich alles andere als attraktiv. Deine Haare sind dünn und mittlerweile ganz grau und alles schwabbelt an dir.

Jetzt zieht eine junge Blondine mit einer unverschämten Traumfigur nebenan ein. Sie ist alleinstehend und bittet deinen Mann ihr ein bisschen zur Hand zu gehen. Die Küchenschränke gehören aufgehängt und ein paar Regale auch.

Jetzt geht es los- in deinem Kopf:

"Nun ist er schon den dritten Abend bei dieser Marlene. Es kann doch nicht so lange dauern ein paar Regale aufzuhängen. Wer weiß was die sonst noch machen. Freilich, bei **der** Figur- da wird mein Heinz sicherlich schwach. Ich kann ihm ja nichts **Schönes** mehr bieten. Es läuft sowieso in keiner Weise mehr so richtig gut bei uns..."

Bla, bla bla...

Vielleicht kennst du so ähnliche Geschichten?

Genau diese Art von Gedankenkarussell sind gefährlich. Freilich nur, wenn du dieser Geschichte glaubst und reagierst.

Stell dir vor, du stellst gleich die Koffer deines Mannes vor die Türe, dann hast du überreagiert.

Das ist typisch Ego: Es holt die **alten** Geschichten wieder hoch und vermischt sie mit aktuellen Ereignissen, die nichts miteinander zu tun haben.

Denn: Es gibt keine Vergangenheit! Die gibt es nur bei dir im Kopf, sonst nirgends. Es ist immer **jetzt** sonst gar nichts.

Das Ego ist wirklich gemein: Immer dann, wenn es einem schlecht geht, dann kommt es und spuckt große Töne. Aufgrund unserer momentanen Schwäche springen wir darauf an und glauben den Mist auch noch.

Ich habe das Ego in einem meiner Büchlein auch das Teufelchen auf der Schulter bezeichnet. Es flüstert Blödsinn ins Ohr und wir glauben es auch noch, aber...

aber nur, wenn es uns selbst schlecht geht, also wenn wir **unten** sind. Sind wir gerade krank, schwach oder auch nur hungrig, sind Tür und Tor geöffnet für diese Böswilligkeiten. Da heißt es wirklich aufpassen, aufpassen und nochmal aufpassen, sonst reagierst du zu schnell und schießt ein Eigentor nach dem anderen.

Nur aus einem Grund: Weil du auf den Brei in deinem Kopf reagiert hast.

Meinst du wie oft ich mich in meinem früheren Leben anschließend für mein Verhalten geschämt habe, weil ich auf mein Ego gehört habe?

Das ist nämlich das Fegefeuer auf Erden:

Du reagierst auf eine Geschichte, die in deinem Kopf stattfindet, die aber nicht wahr ist. Du bist in einer unteren Schwingungsebene, weil du momentan in einem schwachen Zustand bist.

Dann geht es dir wieder besser und du schwingst wieder hoch, sitzt auf deiner Wolke 7 und freust dich deines Lebens. Du spürst die Liebe und könntest die ganze Welt umarmen. Ach ist das Leben schön. So und jetzt kommt es:

Du erinnerst dich an die Gemeinheit als du unbewusst warst und auf dein Ego gehört hast. Du hast jemandem Unrecht angetan, weil du auf das Teufelchen auf deiner Schulter gehört hast. Jetzt fühlst du dich nicht mehr wohl in deiner Haut, du schämst dich sehr, dass du so gemein sein konntest. Am liebsten würdest du ein Loch graben und hineinplumpsen.

So ist das, wenn man unachtsam ist und alles glaubt.

Verurteile dich nicht, das ist völlig normal und passiert immer wieder. Solange bis du es gelernt hast, dass du dich selbst kritisch hinterfragst, ob das überhaupt sein kann, was da gerade in den grauen Zellen so produziert wird.

So ist es auch mit Beurteilungen von anderen Menschen und so weiter.

Ich habe nicht grundlos zum x-ten Mal über das Ego und die damit verbundenen Gefühle geschrieben. Falls du schon mehrere Schriften von mir gelesen hast, wirst du immer wieder ähnliches zu lesen bekommen. Falls du denkst, mir falle sonst nichts ein- nein das hat auch einen anderen Grund. Ich sehe es als sehr große Aufgabe in unserem Leben an, glücklich zu werden. Ich weiß, natürlich gibt es auch Menschen, die mit einem Dauergrinsen zur Welt kommen und sich niemals beschweren und immer lustig, liebevoll und einfach zum Knuddeln sind. Das sind besondere Menschen, die jeder einfach liebhat. Das ist schön. Vielleicht macht der Himmel uns damit eine Freude, dass sie uns solche Erdenengel schicken. Es wäre ja auch nicht so schön, hier auf Erden, wenn lauter, (jetzt hätte ich beinahe, lauter "Kotzbrocken", geschrieben), griesgrämige Leute um uns herum wären. Das wäre ja eher zum Davonlaufen.

Diese warmherzigen Seelen können es einfach: Die sind einfach glücklich. Sie kann man überall finden. Sie können in Kalkutta im Armutsviertel wohnen, in einem normalen europäischen Haushalt leben und sogar unter den Superreichen soll es auch glückliche, echt feine Menschen geben. Sie sind überall verstreut, vielleicht deswegen, damit wir alle die Chance haben so jemanden einmal zu treffen. Selbst in religiösen Vereinigungen sind sie zu finden. Mir fällt da immer der Dalai Lama ein. Der ist lustig. Er strahlt diese Liebe aus, mein Herz hüpft gleich, wenn ich an ihn denke.

Diese Engel auf Erden haben schon einige Leben auf dem Buckel. Sie verfügen über enorm viel Erfahrung und haben schon alles aufgelöst. Klaro, da kann man leicht mit einem Dauergrinsen durch das Leben gehen, wenn einen nichts mehr auf die Nerven geht. (haha) Natürlich stört auch diese Menschen etwas, aber nicht mehr so viel.

Sehe es gelassen: Jede Seele hat einmal diesen Prozess durchwandert. Jede einzelne Seele durfte sich unzählige Male ärgern und auch Mist bauen. Das ist völlig normal. Durch unsere Fehler können wir lernen. Wir brauchen manchmal sehr viele Anläufe, bis es in der Praxis sitzt.

Als ich von Herrn Tolle das Buch "Jetzt" las, dachte ich anschließend:

Hurra!!!! Endlich bin ich befreit, **jetzt** weiß ich wie es funktioniert. Ich brauche mich gar nicht mehr ärgern, das ist für die Katz. Ich habe mich mein Leben lang umsonst geärgert....

Ein wirkliches aha – Erlebnis. Ein großes Lob und Dankeschön für dieses grandiose Werk! **Das** sollte ein Schulbuch sein, viel Leid könnte den jungen Menschen in ihrem Leben erspart bleiben.

Tja, was soll ich sagen: Theorie und Praxis... na ja, ich weiß nicht wie lange es noch dauerte bis es wirklich in der Praxis funktionierte... ich finde, es hat lange bei mir gedauert. Vielleicht geht es bei dir schneller, dann musst du nicht so lange leiden.

Wir sind in dieser außergewöhnlichen Zeit auch von äußeren Umständen arg gebeutelt, deswegen habe ich dieses Thema noch einmal aufgegriffen.

Die kollektiven Energien zerren an unserem Nervenkostüm und ziehen uns in niedrige Bewusstseinsebenen hinunter, in denen wir anfällig für unser Ego sind.

Angst wird wissentlich verbreitet. Das Gegenteil von der Liebe ist die Angst. Angst schwingt sehr niedrig. Hier musst du wirklich aufpassen, damit du nicht in die Egofalle trittst.

Fast alles, was momentan aus dem Fernsehgerät gemeldet wird, ist mit Angst behaftet. Oder du bist jemand der nicht ängstlich ist, aber vielleicht wütend wird. Auch hier bist du ziemlich weit "unten" und anfällig für das Ego.

Es gilt auf alle Fälle so gut es geht schwingungsmäßig in höhere Gefilde aufzusteigen. Versuche mit allen Mitteln deine Stimmung auf hohem Niveau zu halten, dann bist du unangreifbar und dir geht es rundherum gut.

Zusammenfassend möchte ich noch die Schilderung von einem Mann einfügen, dessen Thesen ich wirklich sehr schätze, viel habe ich von ihm gelernt. Er ist sehr umstritten, viel wurde ihm angedichtet, aber das kennen wir ja aus der Gegenwart auch. Gerne werden wahrheitsliebende Menschen auf gut deutsch: "in die Pfanne gehauen."

Ich habe mich sehr lange und intensiv mit dem Ego beschäftigt, viele Publikationen darüber gelesen und auch für mich überprüft und ausprobiert.

Die Aussage von Osho, trifft es mit Abstand am allerbesten:

Sinngemäß sagte er, dass alles, was unglücklich macht vom Ego kommt und alles was glücklich macht aus dem Herzen, also aus unserer Natur, kommt.

So kannst du es herausfinden, was dir dein Ego einflüstert, also das Teufelchen auf deiner Schulter, oder was aus deinem Herzen kommt.

Es kommt nicht darauf an um **was** es speziell geht, sondern nur, dass du für dich ein Gefühl entwickelst, was sich für dich "gut anfühlt", das ist das Richtige. So einfach ist das.

Alles, was sich nicht gut anfühlt, was dich unglücklich macht, kommt von deinem Ego, dass dich in die falsche Richtung führt.

Das Ego ist das Tor zur Hölle,

dein Herz ist das Tor zum Himmel.

Es ist nicht schwer, es ist reine Übungssache-

wenn man das Fühlen geübt hat, wird es wirklich leicht.

Unser Gefühl sagt uns garantiert immer was richtig oder falsch in dem Moment ist. Mehr brauchen wir nicht zu wissen.

Wenn wir nach unserem Gefühl handeln, geht nie mehr etwas schief- das Leben wird ein Kinderspiel, alles wird ganz leicht.

So soll es auch sein- leicht.

Das Leben soll leicht und unbeschwert sein, es soll Spaß machen.

Wir sollen neugierig sein wie kleine Kinder, die alles anfassen und ausprobieren wollen. Wer neugierig auf das Leben ist, wird nie alt werden.

Das ist der Jungbrunnen.

Wenn ich jemanden besuche, möchte ich zuerst in den Garten. Mich interessieren keine Möbel, ich möchte Pflanzen sehen.

Wenn jemand einen Balkon hat, dann schaue ich mir da die Pflänzchen an, oder die Zimmerpflanzen. Ich schaue mir gerne Garten an. Ich liebe Fahrradtouren in Wohngebieten. Da bleibe ich immer bei schönen Gärten stehen und schaue mir in Ruhe die Pflanzen an. Es gibt manchmal richtige Zaubergärten, da kann man die hohe Energie spüren. Da bleibe ich immer lange stehen und schaue jedes Detail an. Ich weiß genau welche Art Mensch hier wohnt... Das soll nicht wertend sein, nein, ich spreche von der Schwingung, von der Liebesenergie. Kein kaltherziger Mensch könnte einen Zaubergarten anlegen, das geht gar nicht. Wie innen so außen. Alles ist ein Spiegel unseres Inneren. Unsere Umgebung spiegelt unser Inneres, sowie unser Körper auch. Menschen die voller Liebe sind, die strahlen aus allen Nähten! Sie grinsen bis über beide Ohren hinaus und haben, wenn sie älter werden, Lachfalten im ganzen Gesicht. Die Augen funkeln- das Tor zur Seele. Liebevolle Menschen sind immer schön, das geht gar nicht anders.

Erwartungen garantieren eine Schussfahrt in die Hölle

Uiii, die Paula hat das böse Wort mit H... geschrieben. Keine Angst, die Hölle ist kein Ort den wir **nach** unserem Ableben eventuell aufsuchen, nein da leben genug Menschen schon zu Lebzeiten auf der Erde, zumindest zeitweise.

Beginne ich einfach am Schluss: Stelle dir vor, du hättest überhaupt keine Erwartungen an das Leben. Du würdest völlig von Moment zu Moment leben ohne von irgendjemanden etwas zu wollen. Du würdest nie über das Leben oder deine Mitmenschen meckern. Alles wäre für dich völlig in Ordnung, so wie es ist.

Tja, ich würde einmal sagen, dann wärst du vielleicht sogar erleuchtet, oder zumindest so etwas in dieser Richtung. Dein Leben wäre höchstwahrscheinlich ein Freudentanz, denn es ginge gar nichts schief. Was auch? Du hättest dann deine Lernaufgaben alle schon erledigt. Du wüsstest dann, das Leben meint es immer gut mit dir. Du hättest einen sehr hohen Seinszustand- eine himmlische Vorstellung.

Ja die Erwartungen... Ich weiß wie schwer das Leben mit den vielen Erwartungen ist, darum habe ich zu diesem Thema auch ein ganzes Büchlein geschrieben.

Schau, wie viel Ärger du dir sparen könntest, wenn du einfach alles so hinnehmen würdest wie es halt ist. Punkt.

Wenn wir ehrlich sind: Egal ob wir uns über etwas ärgern oder nicht- es ändert sowieso nichts. Kann es auch nicht- denn:

Denn: es ist doch schon vorbei, es lässt sich nicht mehr ändern, da die Vergangenheit sich **nie** ändern lässt.

Also könnten wir es doch auch so akzeptieren und uns **nicht** ärgern.

Ja, ich weiß, das ist leichter gesagt als getan. Ich weiß es wirklich, das kannst du mir glauben.

Lass uns ein paar typische Alltagsbeispiele mit Erwartungshaltung anschauen:

Du bist Hausfrau und kochst, putzt, wäscht, betreust die Kinder, fütterst deinen Ehemann regelmäßig, pflegst den Garten und erwartest im Gegenzug:

... dass am Hochzeitstag ein Strauß Blumen am Tisch steht

... dass am Muttertag selbiger am Tisch steht

... dass zwischendurch ein Lob über das gute Essen oder den schönen Garten fällt

... vielleicht eine kleine Wertschätzung zwischendurch.

Werden deine Erwartungen nicht erfüllt, wirst du vielleicht traurig oder gar wütend sein. Wenn sich diese Gefühle aufstauen könntest du vielleicht sogar in einen Streik treten. Du weigerst dich noch einen Handstrich für deine undankbare Familie zu tun.

Verständlich!

Erwartungen sind eng verknüpft mit Leid. Freilich werden Erwartungen manchmal auch erfüllt, das ist klar und schön.

Aber wehe, wenn nicht, dann ist großes Wehklagen angesagt.

Leichter wäre es schon, wenn es einem völlig egal wäre, wie sich der andere verhält, dann könnte man sich viel Leid ersparen.

Das wäre dann die Königsklasse.

Überlege doch einmal genau:

Nur weil der andere Mensch sich "falsch" (was immer das auch heißen mag) verhält, ärgerst du dich. Das ist doppelt "dumm".

Schaden fügst du nur dir selber zu. Dem anderen ist es völlig egal, was du für ein Problem hast. Er hat sich so verhalten, weil... **das** spielt überhaupt keine Rolle, warum sich der andere Mensch so oder anders benommen hat, wichtig ist nur, dass **du** jetzt leidest.

"Der war böse zu mir, obwohl ich immer so viel für ihn mache"

"Er schätzt mich gar nicht, obwohl ich immer für ihn da bin"

"Jetzt bin ich krank und er pflegt mich nicht, obwohl ich ihm immer seine Wadenwickel mache, wenn er Fieber hat"

Liebe gibt, ohne etwas zu erwarten. Sie fordert nicht. Sie gibt bedingungslos.

Nur bedingungslose Liebe ist echt. Liebe die an Erwartungen geknüpft ist, kann höchstens als Geschäft verstanden werden.

Ich liebe dich... aber nur wenn du... dies, das oder jenes für mich tust.

Warum versuchst du nicht folgendes?

Dein Partner ist ein echtes Ekelpaket, dennoch liebst du ihn aus ganzem Herzen. Versuche die Tatsache, dass er furchtbar ist zu akzeptieren. Nimm ihn so wie er ist. Glaub mir, ändern wird er sich sowieso nie. Warum ich das weiß? Ganz einfach, weil sich ein Mensch kaum ändern kann. Jeder ist wie er ist. Freilich kann man dem Partner zuliebe das eine oder andere sein lassen, weil es ihn stört. Das gehört zu einer funktionierenden Partnerschaft dazu.

Wenn es deinen Mann stört, dass du immer deine Liebhaber mit nach Hause bringst, solltest du lieber Rücksicht nehmen und es in Zukunft sein lassen. (grins).

Freilich ändern wir uns alle im Laufe unseres Lebens, aber meist nicht so, wie es der Partner erwartet.

Wenn du lernst, das Leben zu akzeptieren so wie es ist, wird es leicht.

Manchmal muss man aufstehen und etwas verändern, dafür sind wir ja auch auf die Erde gekommen. Nur herumsitzen und beobachten, kann auch kein erfüllendes Leben sein.

Es wird oft, gerade in esoterischen Kreisen geraten, sich aus allem herauszuhalten und im Lotussitz die Welt an einem vorbeiziehen zu lassen.

Das sehe ich nicht so. Natürlich ist es gut diese Ruhe in sich zu haben und viele Dinge, die man nicht ändern kann, einfach laufen zu lassen.

Doch sollten wir nicht vergessen: Wir sind auf die Erde gekommen um zu leben. Wenn wir nur zuschauen sollten, was in der Welt los ist, dafür hätten wir auch auf unserer Wolke im Himmelreich sitzen bleiben und von oben hinunterschauen können. Das wäre zudem auch noch viel gemütlicher gewesen.

Nein, wir sind doch zum Leben gekommen. Leben heißt mitmachen. Jeder von uns ist ein Teil vom ganzen Spiel. Wenn jetzt haufenweise Langweiler meditierend herumsitzen und abwarten, dann geht gar nichts voran und Spaß macht es auch keinen.

Ich weiß natürlich über die Energiegesetze Bescheid. Wenn wir die Handbremse lösen und der geistigen Welt die

Erlaubnis geben damit sie mitwirken kann, ist das toll und viel kann ganz schnell vorangehen.

Aber: wir sollten dabei doch nicht vergessen selbst zu leben und zu agieren, deswegen sind wir da. Wenn wir das Leben aus der Hand geben, hätten wir wirklich nicht auf die Erde kommen müssen. Das hätten wir uns sparen können.

Das Leben ist doch toll, es macht Spaß. Auch einmal kräftig zu streiten oder für sein Recht einzustehen, ist klasse. Ein schönes Gefühl, für seine Wahrheit oder die Gerechtigkeit einzustehen, wenn man einem Beamten einmal gründlich die Meinung geigt. (kicher) (ich darf das, ich war selbst einmal Beamtin!)

Der Sinn des Lebens ist, dass es gelebt wird, so einfach ist das.

Natürlich wird jede Menge von den Philosophen hineininterpretiert, doch kommt man letztendlich immer wieder zu demselben Ergebnis: Wir leben von Augenblick zu Augenblick. Wir haben es selbst in der Hand wie wir unser Leben führen möchten. Gut, nur teilweise. Die Rahmenbedingungen sind schon vorgegeben. Es macht natürlich einen Unterschied, ob man als armes Kind in einem lieblosen Elternhaus lebt, oder eine verwöhnte Göre bei einem reichen Ehepaar ist. Doch im Bereich dieser Umstände können wir dennoch einiges selbst in gewisse Bahnen lenken. Der Seelenplan ist natürlich maßgeblich, er gibt die grobe Richtung vor.

Wer ein leichtes unbeschwertes glückliches Leben führen möchte, wird nicht umherkommen und die geistigen Gesetze lernen oder üben müssen.

Meine Erfahrung ist:

Leichter ist es auf alle Fälle, wenn ich das Leben so annehme wie es kommt. Jeder Widerstand kostet nur unnötig Energie und bremst mich selbst aus.

Sobald wir verstehen, dass das Leben nicht böse zu uns ist, wird es leicht. Das Leben ist immer nur **für** uns, nie **gegen** uns. Es bietet immer die perfekte Bühne, damit wir unsere Schwachstellen ausmerzen können.

Es liefert uns sozusagen immer die Gelegenheiten, damit wir wieder ein Stückchen "besser" werden. "Besser" nicht im Sinne von "ein besserer Mensch, also ein guter Mensch", nein besser im Sinne von: das Leben verstehen und es besser leben können.

Klar, lustig ist das schon: Ein Ferkelchen, wenn zur Welt kommt oder ein Küken, die brauchen keine schlauen Bücher, in denen sie nachlesen können, wie man lebt- die können es auch so, ohne Anleitung.

Ja natürlich ist das bei den Tieren ein bisschen anders. Sie haben es auch leichter als wir. Sie haben kein nerviges Ego, das ihnen Blödsinn einredet und sie von ihrem wahren Leben wegbringen möchte.

Schau, es ist wirklich ganz einfach:

Lerne in den Moment einzutauchen. Lebe von Augenblick zu Augenblick.

Kümmere dich nie um das Leben anderer Menschen. Wenn deine Mitmenschen alle blöd sind, dann lasse sie einfach blöd sein. Falls es für sie ein Problem darstellt, dann ist es **ihr** Problem nicht deines.

Wenn dein/e Ehemann/Ehefrau, rücksichtslos, egoistisch und unaufmerksam ist, dann verlasse ihn/sie. Falls du ihn/sie trotz der Schwächen liebst, dann ist das auch in Ordnung. Dann hacke aber nicht auf den Schwachstellen herum, sondern nimm ihn/sie an wie er/sie ist- einfach **unperfekt**.

Sollte dein Chef ein Halsabschneider sein, dann kündige deinen Job. Falls du das aus irgendeinem Grund nicht möchtest, dann bleibe in deiner Arbeit und mache sie so gut du nur kannst. Genieße deine Arbeit und freue dich daran. Falls sie dir keine Freude bereitet, solltest du unbedingt wechseln. Man sollte immer nur das tun, was Spaß macht, das ist wichtig, damit die richtigen Energien fließen. Die geistige Welt unterstützt immer unsere Pläne, also mache dir nie Sorgen um so etwas wie Geld.

Beschwere dich nicht mehr über dein Leben, denn, und jetzt kommt es:

Bei wem willst du dich denn beschweren? Wenn es dir nicht gefällt, dann musst du das nächste Mal einen anderen Seelenplan schmieden. Vielleicht so etwas wie: Auf den Bahamas leben oder als reicher Scheich inkarnieren...

Du hast dir doch das Leben, das du jetzt lebst ausgesucht und nicht nur das, nein, du hast auch deine Mitspieler ausgesucht und sie gebeten mitzuspielen, auch die nervigen Zeitgenossen. Die nervtötenden Mitmenschen, tun auch nur ihren Job, den **du** ihnen **vor** deiner Inkarnation aufgetragen hast. Also schimpfe nicht immer über deinen blutsaugenden Chef oder deine lauten Nachbarn.

Du wolltest etwas lernen oder überwinden, genau aus diesem Grund spielt das Leben dir verschiedene "Akte" in dem Theater. Je schneller du die Wahrheit akzeptierst und deine Schwachstellen annimmst und auch auflöst umso schneller hast du ein tolles Leben. Klar, wenn du schnell bist, bleibt dir noch viel unbeschwerte Zeit übrig. Bist du allerdings ein, entschuldige den Ausdruck, 0-Checker von der Firma Langsam, dann dauert es vielleicht bis zu deinem Lebensende, bis du alles aufgelöst hast, und hast keine Zeit mehr ordentlich auf den Putz zu hauen.

Dazu hatte ich keine Lust. Ich habe ordentlich Gas gegeben. Gut, es war natürlich nicht so einfach, wenn man sich gleich die geballte Ladung an Notstandsgefühlen vornimmt... das war wirklich heftig. In dieser Zeit habe ich auch wirklich konsequent täglich sehr lange meditiert und enorm viel aufgelöst. Jetzt bin ich da nicht mehr so streberhaft, aber damals war das wichtig um es leichter zu haben.

Jedes Mal, wenn du **gegen** das Leben bist, wenn du dich beschwerst und meckerst wie böse die Menschen oder die Welt zu dir sind, verlängerst du nur künstlich deinen Lernprozess.

Denke das nächste Mal daran, wenn dir wieder jemand ordentlich auf den Zeiger geht: Das ist ein alter Freund, der sich wie ein Idiot benimmt, nur damit du lernst, wie man mit solchen Menschen umgeht. Nimm es nicht persönlich, das ist es nämlich nicht, das ist es nie.

Persönlich- das ist nur das Ego. Du bist eine Seele mit einem Erdenkleid an.

Wenn du dich verletzt fühlst, bist nicht **du** verletzt. Dein wahres Ich wird nicht verletzt, das ist immer nur das Ego, das aufmuckt:

"Der blöde Hannes hat mich schon wieder in der Arbeit gemobbt, jetzt reicht es mir aber dann!"

"Der Schwager Thorsten hat bei der letzten Geburtstagsfeier schon wieder unseren Kevin "Rotzlöffel" genannt. Er meinte unser Kevin hätte keinen Anstand und sei mit einem Düsenjet durch die Kinderstube geflogen!

Das ist ja wohl eine Frechheit, **unser** Kevin, ist artig, was bildet sich der Thorsten nur ein, so schlecht über **unser** Kind zu sprechen!"

Ja, das Ego hat viele Namen und unterschiedliche Kleider an.

Es ist völlig unbedeutend was sich der Schwager über dein Kind denkt, nimm es hin oder besuche ihn nicht mehr.

Da wird nur dein Mutter-Ego getriggert. Fühle die aufsteigende Wut, um die geht es und das Problem wird sich von alleine lösen.

Die Hingabe an das Leben löst viel von alleine auf. Du ersparst dir enorm viel Arbeit, wenn du den Dingen seinen Lauf lässt.

Sollte dir etwas nicht passen und es in dir grummeln, dann löse das Gefühl auf und das Problem ist gegessen. So einfach ist das.

Leiste keinen Widerstand mehr, der bringt dich keinen Deut weiter, ganz im Gegenteil:

Du versaust (Verzeihung, aber das ist das treffendste Wort) dir nur dein schönes Leben. Jedes Mal wenn du dich ärgerst und **gegen** etwas bist, bremst du dich selbst aus.

Bitte verwechsle das nicht, dass man mit allem einverstanden sein sollte, was in der Welt passiert, nein überhaupt nicht.

Wir sind auf die Erde gekommen um zu leben und zu agieren und nicht apathisch herumzusitzen und zuzusehen wie die Welt im Chaos versinkt.

Verlasse dich auf dein Gefühl, wann es für dich Zeit ist etwas zu verändern, also aktiv zu werden und wann es besser ist den Dingen ihren Lauf zu lassen.

Ein sehr kraftvolles Gebet lautet:

Gott, gib mir die Gelassenheit,

Dinge hinzunehmen, die ich nicht ändern kann,

den Mut, Dinge zu ändern, die ich ändern kann,

und die Weisheit, das eine vom anderen zu unterscheiden.

Das wünsche ich dir von Herzen:

Ich wünsche dir die Weisheit zu erkennen **wann** es klug ist etwas zu verändern und wann es klug ist den himmlischen Energien ihren Lauf zu lassen.

Noch ein kleiner Tipp am Rande:

Wenn du dir etwas von Herzen wünschst, ist es gut dich in eine hohe Schwingungsebene zu begeben.

Äußerst du deine Wünsche aus einer niedrigen Ebene, wirst du nicht da sein um deine Lieferung bekommen zu können. Klar, Wünsche werden nur in hohen Ebenen zugestellt, nicht in untere. Der himmlische Botendienst kann nicht in niedrige Bewusstseinsebenen liefern, da haben sie keine Möglichkeit dazu.

Kannst du nachvollziehen wie ich das meine?

Du bist, sagen wir einmal, "voll am Boden", die Welt ist für dich ein Jammertal. Du könntest nur noch heulen, du wünschst dir nichts sehnlicher als... Also irgendetwas, egal.

So, dein Wunsch kommt im Himmelspostamt an, die Engel verpacken dein Himmelsgeschenk mit schönen Schleifchen, Adressaufkleber darauf und das himmlische Auslieferungspostamt bekommt dein Päckchen mit dem Auftrag zur Auslieferung.

Der himmlische Bote fliegt sofort los und will dir das Päckchen liefern. Er kommt bei dir an und klingelt. Du machst nicht auf. Er nimmt es wieder mit, hinterlässt ein Zettelchen und kommt am nächsten Tag wieder und läutet erneut. Du machst wieder nicht auf, weil du nicht zu Hause bist. Klar, du sitzt ja in deinem Keller im hintersten dunkelsten Raum und bemitleidest dich selbst. Du bekommst nicht mit was oben in der Welt passiert. Die Sonne scheint, die Vöglein zwitschern und der himmlische Postbote kommt jeden Tag und versucht dir deinen Wunsch zuzustellen. Dein Briefkasten quillt über mit Benachrichtungszettelchen vom Botenengel, aber du bekommst von alledem nichts mit. Du heulst und tust dir leid und betest und betest, damit du endlich deinen ersehnten Wunsch erfüllt bekommst. Irgendwann gibst du auf, weil deine Gebete ja eh keiner hört. Du schmollst und findest die ganze Welt zum Weinen.

Jetzt hast du keine Lust mehr zu beten und zu weinen. Du gibst auf. Soll doch die Welt ein Jammertal sein, ist dir jetzt einfach egal. Du stehst aus deiner dunklen Ecke auf und gehst nach oben. Deine Augen sind von dem grellen Sonnenlicht geblendet. So lange hast du die Sonne nicht gesehen. Du öffnest die Türe um ein bisschen Luft hereinzulassen und traust deinen Augen kaum: Der Briefkasten ist voll mit kleinen Kärtchen. Sie sind bunt und mit kleinen Wölkchen verziert:

"Leider konnten wir dich nicht antreffen, wir versuchen Morgen eine erneute Zustellung deiner Bestellung. Das Himmelspostamt"

Kaum hast du das Kärtchen gelesen, kommt schon ein wunderschöner blauer Engel vom Himmel geflogen mit deinem rosaroten Päckchen unter dem Arm und übergibt dir deine Bestellung...

So einfach ist das.

Freue dich am Leben, genieße alles, was du hast. **Das**, was du noch **zusätzlich** willst, wünschst du dir ganz einfach. Du bittest den Himmel darum. Wenn du ein dankbares und liebendes Herz hast, wirst du automatisch auch zu Hause sein um die Segnungen des Himmels und deine ganzen Lieferungen in Empfang nehmen zu können.

Wenn du dankbar bist, für das, was du bereits hast, wirst du den Rest ganz leicht bekommen. Dankbarkeit ist in einer hohen Schwingungsebene angesiedelt- da bist du automatisch immer zu Hause um deine Lieferungen in Empfang nehmen zu können.

So einfach ist das!

Nochmal in Kürze:

Wünsche machen uns zu Bettlern:

Aus einem Gefühl des Mangels heraus etwas zu wünschen, funktioniert nicht.

Überlege dir zuerst was du schon alles hast, du wirst sehen wie unendlich reich du schon bist. Sei dankbar dafür, dass du sehen kannst, selber laufen kannst ein Dach über dem Kopf hast und noch vieles mehr. Mache es dir zur Gewohnheit **alles** als Geschenk zu sehen und nichts als selbstverständlich zu erachten, denn das ist es nicht.

Schau, geh doch in ein Krankenhaus. Streife durch die verschiedenen Abteilungen. Meinst du wie viele Menschen da gerne in dem Moment mit dir tauschen würden? Für dich ist es selbstverständlich jeden Tag so dahin zu leben. Du siehst es als normal an, dass dein Körper problemlos funktioniert. Das ist es aber nicht. Schon eine Diagnose einer Krankheit kann von heute auf morgen dein Leben völlig verändern. Ich denke, du weißt genau was ich meine und ich muss jetzt nicht seitenweise Krankheiten aufzählen, die uns alle erwischen könnten, oder andere Katastrophen die passieren könnten.

Wenn du von Herzen dankbar für dein Leben bist, schwingst du sehr hoch und kannst deine Wunschbestellungen leicht annehmen, weil du ja schon zu Hause in einer hohen Ebene bist.

So einfach ist das.

Wenn du das einmal wirklich verinnerlicht hast, wirst du mit den Gaben des Himmels total überschüttet werden! Du wirst gar nicht mehr wissen, wohin mit den ganzen Geschenken des Himmels.

Fülle ist völlig normal.

Mangel ist unnatürlich. Das wurde uns nur jahrtausendelang eingeredet, damit wir schön im Hamsterrad für einige wenige laufen und sie uns im Anschluss alles wegnehmen können. Diese Zeiten sind sowieso vorbei. Jetzt ist damit Schluss. Die Menschheit erwacht und erinnert sich wieder an die geistigen Gesetze. Der Himmel meint es immer gut mit uns. Ist doch auch logisch, **das** ist doch unser echtes Zuhause. Dort wohnen unsere Freunde, die sich alle bemühen, damit wir die Zeit in der Dichte schön erleben können. Wir müssen nur wieder dankbare, lustige und liebevolle Menschen werden, dann läuft es wie geschmiert und das Paradies ist wieder auf der Erde, da wo es hingehört.

Das Kronenchakra ist das Tor in die geistige Welt

Falls du Näheres zu den Chakren wissen möchtest, empfehle ich dir ein Buch über die Bedeutung der einzelnen Chakren zu lesen oder im Internet zu recherchieren. Die Erklärungen darüber würden den Rahmen in diesem Büchlein sprengen.

Das Kronenchakra schwebt über dem Kopf und ist weiß mit bisschen lila. Dort ist die Verbindung zur geistigen Welt des Lichts.

Ich möchte dir einen wertvollen Tipp geben, den ich von einem Mystiker habe:

Immer wenn du in deinem Alltag nicht mehr weiterkommst, kannst du deine Aufmerksamkeit auf dein Kronenchakra lenken. Oder besser noch, du bleibst sooft es möglich ist mit deiner Aufmerksamkeit beim Kronenchakra. Dann kann nichts schiefgehen.

Wenn ich weltliche Probleme habe, sei es auch ein technisches, dann richte ich meine Aufmerksamkeit auf das Kronenchakra und schon funktioniert es wieder. Das ist ein sehr kraftvolles Werkzeug. In dem Moment, indem du an dein Kronenchakra denkst, bist du schon "verbunden" und die Leitung steht. (grins) da muss man nichts weiter tun, das alleine reicht aus. Das ist wirklich total faszinierend.

Diskutieren bis der Arzt kommt

Ja, die Zeiten sind wahrlich sehr unruhig. Wir haben jetzt Juni 2020. Ich schreibe das Datum, damit du, falls du das Büchlein später liest, weißt in welcher Zeit wir gerade leben. Ich spiele natürlich auf die Geschehnisse im außen an.

Urplötzlich sollte etwas Ungesundes in der Luft liegen und schwuppdiwupp ist unser Leben völlig anders.

Jetzt stelle ich fest, dass sich irgendwie ein Graben durch die Gesellschaft gezogen hat. Vor kurzem habe ich das Büchlein geschrieben:

DIE WELTEN TRENNEN SICH.

Nicht lange hat es gedauert, dass es deutlich erkennbar wurde, dass sich die Welten trennen.

Interessant wird es aber, wenn sich 2 Menschen aus jeweils der anderen Welt begegnen. Lange wird das nicht mehr möglich sein, weil sich die Schwingung schnell anhebt und wir dann die andere Welt überhaupt nicht mehr sehen oder betreten können.

So, jetzt sagen wir einmal die 2 Menschen aus den unterschiedlichen Lagern treffen sich zum Kaffee. Da kann es ganz schön hoch hergehen!

Da wird diskutiert bis zum Abwinken.

Manchmal fliegen da wirklich die Fetzen. Ich habe von vielen Menschen gehört, sie möchten zu der ganzen Lage nichts mehr sagen, da sie sich total unverstanden fühlen.

Freilich, wie sollte man auch jemanden verstehen, der nicht nur auf einer anderen Ebene ist, sondern sogar auf einer anderen Erde lebt? Das wäre ja so ähnlich, als ob wir uns mit den Marsmenschen zum Kaffeetrinken treffen und uns ärgern wurden über deren "verschobene" Ansichten.

In diesen turbulenten Zeiten ist es sinnvoll ruhig und besonnen zu bleiben und den anderen ruhig seine Meinung zu lassen. In der Ruhe liegt die Kraft.

Das Problem ist folgendes: Man kann nicht auf verschiedenen Ebenen diskutieren. So laut kann man gar nicht schreien, dass es der andere hört. Man kommt niemals zusammen, weil man, wie gesagt auf 2 verschiedenen Ebenen lebt, oder sogar in verschiedenen Welten.

Es bleibt immer ein fahler Beigeschmack, wenn man wieder auseinandergeht. Jede Partei fühlt sich unverstanden und nicht gehört. Manchmal ist es mir sogar so vorgekommen, als würde sich gleich meine Festplatte aufhängen, weil ich einfach nicht verstehen konnte, dass der andere die Welt so komplett falsch sieht.

Haha!! "**Falsch sieht**"! Oje, das darf man nie sagen. Das ist Blödsinn. Jeder sieht die Welt so wie er sie sehen kann, kein bisschen anders. Niemals kann eine Sichtweise **falsch** sein. Keiner kann aus seiner Haut heraus, sagt man im Volksmund. Jetzt würde man auf esoterisch sagen: Keiner kann so einfach die Ebenen wechseln. Das bedarf viel Übung und Bewusstsein. Verurteilen wir nicht Menschen, die es noch nicht besser können. Ich für meinen Teil, behalte meine Ansicht für mich und diskutiere mit niemandem mehr über die Weltgeschehnisse. Erstens kann ich niemanden von meinem Weltbild überzeugen, und zweitens auch nicht und drittens auch nicht! (grins) darum lasse ich es. Wenn ich mich mit Gleichgesinnten unterhalte, ist es entspannt und fröhlich. Niemand muss dem anderen etwas erklären. Klar, man versteht sich auch ohne Worte. Das ist schön. Meist sind das Menschen mit geöffneten Herzen, da gibt es keine Fakten und Zahlen- Menschen deren Herzen offen sind für die Liebe wollen nicht diskutieren, sie kennen die Wahrheit denen macht niemand etwas vor.

Mit den "anderen" Menschen, also denen in der anderen Welt, unterhalte ich mich nicht mehr. Da gibt es einfach überhaupt keinen gemeinsamen Nenner mehr. Es bleiben keine Gesprächsthemen, über die man sprechen könnte, so tief ist die Kluft. Dann bleibe ich lieber alleine in meiner Welt und besuche die Pflanzen und Tierwelt, wir verstehen uns wenigstens prächtig.

Immer schön einen Schritt nach dem anderen...

Es scheint als versinke die Welt im Chaos. Irgendwie wird der Verstand gar nicht mehr fertig, die Weltgeschehnisse einzuordnen:"Wer hat denn dieses schon wieder angezettelt? Was ist da schon wieder los? Wo kommt denn das schon wieder her?"

Die Meldungen aus der Flimmerkiste sind sehr mit Vorsicht zu genießen- die aus dem Internet aber auch... (grins) so jetzt wird es schon schwierig zu erkennen wie denn der Hase läuft. Klar, jeder sitzt nur in seiner Heimat und hat einen begrenzten Radius, in dem er lebt. Wie können wir da wissen, was in einer Stadt, ein paar Kilometer von unserem Wohnort entfernt, los ist? Ganz ehrlich, wir können gar nichts wissen. Unser Verstand wird sich bald nur noch im Kreis drehen wie ein Kreisel und nicht mehr aufhören. Besser ist es, sich zu entspannen und auf sein eigenes Leben zu konzentrieren alles andere macht uns nur verrückt. Wenn wir nicht zufälligerweise eine Tante in der Stadt haben oder andere gute Kontakte, werden wir nie genau wissen was los ist. Auch das Internet wird unterwandert und Falschinformationen gezielt gestreut.

Wenn wir uns auf das **jetzt** konzentrieren, haben wir die Ruhe und Gelassenheit, damit wir bemerken, wenn wirklich etwas Wichtiges passiert. So haben wir die Energie herausgenommen, die unser Verstand braucht um sich im Kreis zu drehen und wir sind entspannt.

In diesem Zustand fühlen wir genau, wenn es dringlich werden sollte, um etwas zu wissen. Es könnte einmal wichtig sein etwas zu besorgen oder wohin zu gehen- da würden wir den Impuls deutlich spüren können. Allerdings beschäftigen wir uns mit dem ratternden Verstand, werden wir auf gut deutsch: gar nichts mitkriegen.

Ein guter Rat in dieser Zeit ist es locker zu bleiben. Alles kommt zu einem guten Ende.

Das ist eine einmalige Gelegenheit

Erinnerst du dich an das kraftvolle Gebet von vorhin?

... Dinge zu ändern, wenn ich sie ändern **kann**.

Gut, wenn du dir jetzt die Haare raufst und dem Herzkasper schon nahe bist, weil du denkst, du könntest nichts in der Welt verändern- du bist der Meinung alles würde immer noch schlimmer und du kannst nichts tun außer dich grün und blau zu ärgern?

Dann denke immer an das Gebet:

Wenn du **nichts** tun kannst, dann gehe mit deiner Energie heraus. Es wäre schön dumm, wenn du dich ärgerst und das Ganze auch noch mit deiner niedrigen Emotion nährst.

Denn genau **das** ist ja das Hauptproblem: Menschen die Angst haben oder wütend sind, haben eine niedrige Schwingung in dem Moment und das mögen die Dunklen gerne! Sie lieben niedrige Schwingung wie ich Schokoladeneis. Sie leben davon, wie wir von einer guten Mahlzeit leben.

Also ist es schlau zu erkennen, wenn man **nichts** tun kann, sich herauszunehmen, zurückzulehnen und sich trotzdem zu freuen.

Nein, noch besser:

Gerade **deswegen** sich zu freuen:

"Haha, ich tu euch nicht den Gefallen und ärgere mich über euch, ich freue mich, dass es mir gut geht, das Wetter so wunderbar warm ist und wir bald auf der neuen Erde leben!"

Stelle dir vor, alle würden sich freuen... Tja, dann könnten sie sich ihre neuen "Baron Münchhausen" Märchen an den Hut stecken und würden einfach zerbröseln wie ein alter Nußzopf.

Ohne unsere Energie sind sie nichts. Glaub mir, sie zerfallen zu Staub.

So einfach ist das.

Gibt es eine Möglichkeit etwas zu verändern, wirst du es fühlen und auch etwas tun.

... lieber Gott gib mir die Weisheit das eine vom anderen zu unterscheiden...

Es entsteht langsam ein Wir - Gefühl

Ich möchte ungern von den positiven Dingen schreiben, die diese Krise bewirkt haben soll. Du wirst selbst den blauen Himmel bemerkt haben und vielleicht für dich selbst schöne Sachen, die du vorher so noch nicht erlebt hast erkennen können. Dazu brauchst du mich nicht.

Erwähnen möchte ich in diesem Zusammenhang, dass sich energetisch schon etwas verändert hat.

In den letzten Jahren hat sich die Gesellschaft eher zum **ich** entwickelt. Früher waren die Familienverbände noch sehr stark ausgeprägt, heute kaum noch. Auch die Frauen sind nicht mehr auf die Männer angewiesen, weil sie ihr eigenes Geld verdienen und können leicht den Nachwuchs alleine groß ziehen. Es gibt viele alleinstehende Menschen, so viele wie noch nie zuvor. Heute wohnen die meisten Menschen in den Städten, oft anonym und alleine.

Jetzt gibt es ein Szenario, das die Menschen **alle** betrifft. Es geht quer durch alle Schichten und Altersklassen. Jeder ist plötzlich von **einer gemeinsamen** Geschichte betroffen. Selbst superreiche Menschen interessieren sich für dasselbe Szenario. Mittlerweile geht die Geschichte sogar über den ganzen Planeten, auch zu den Urvölkern. Wer hätte das gedacht!

Die Menschheit hat immer wieder gemeinsame Geschichten erlebt. Doch immer war nur ein Teil betroffen, meist ging es um schreckliche Szenarien, wie Kriege oder Hungersnöte ec.

Selbst der 2. Weltkrieg betraf nicht den gesamten Erdball.

Jetzt ist die **ganze** Erdbevölkerung betroffen von diesem unschönen Schauspiel. Das muss auch so sein, denn die Erde steigt auf in eine höhere Ebene. Dieses Szenario muss überall sein, denn jeder und alle sind vom Aufwachprozess betroffen. Das ist wirklich ein spannendes Theaterstück!

Jetzt haben die Menschen wieder etwas gemeinsam:

Eine **gemeinsame** Geschichte. Die Menschen fühlen sich wieder miteinander verbunden. Gut die einen denken so über die Geschichte, die andern anders, aber sie fühlen sich wieder irgendwo zugehörig. Selbst, wenn sie **gegen** irgendwas sind- andere sind auch plötzlich gegen dasselbe und schon gehört man dazu. Vielleicht ist es gar nicht soooo wichtig wo man dazugehört, das Gefühl nicht alleine zu sein hat schon was.

Vielleicht ist dieses Gefühl sogar noch mächtiger als die Regel voneinander fern bleiben zu müssen. Vielleicht geht der Plan nicht auf, dass wir getrennt werden sollen. Ich denke genau das Gegenteil passiert gerade. Ich fühle etwas Großes und Schönes auf uns zukommen. Das Erwachen ist in vollem Gange. Dies Gefühl des Miteinander ist toll, es ist ein Gefühl der Liebe.

Es entsteht eine große Gemeinschaft, die über die Grenzen hinaus wächst. Endlich werden die menschlichen Begrenzungen gesprengt. Toll, da gibt es keine Unterschiede mehr, jetzt sind wir alle gleich, weil wir etwas gemeinsam haben:

Eine gemeinsame Geschichte!

Früher, oder auch jetzt noch bei den Naturvölkern, gab es so etwas **Gemeinsames**. Die Stämme hatten ihre gemeinsame Kultur, ihre Bräuche und Riten und waren einfach zusammengehörig. In letzter Zeit wurden den Menschen in den konsumorientierten Ländern diese Gemeinsamkeiten genommen. Stück für Stück ging alles dahin. Die regionale Kräuterkunde oder die ganzen Bräuche waren plötzlich weg. Jetzt gab es nur noch einen Dachverband unter denen die ganzen Länder schlüpften. Ich möchte das Wort gar nicht in meinem Büchlein haben. Aber du weißt sicherlich wen ich meine:

Das sind jene, die sogar die Bananenkrümmung und Gurkenlänge festlegen.

Ach ja das ist auch bald Geschichte, jetzt wird eh alles ganz anders. Gott sei Dank. Wir verändern die Welt und machen sie zu einem schöneren Ort.

Komm, wir machen die Welt neu

Ja wie machen wir sie denn?

Ich würde vorschlagen: Wir erschaffen uns ein Paradies. Das ist genau das, was die meisten Menschen wollen. Die **anderen** sollen auch nicht in unserem Paradies leben. Hier können nur bewusste Menschen wohnen. Unbewusste Leute würden sofort wieder alles kaputt machen, so wie sie es jetzt mit unserer schönen Erde gemacht haben. Das lassen wir nicht noch einmal zu.

Es ist genügend Platz für uns alle auf diesem zauberhaften Planeten. Alle Tiere, Mineralien, Pflanzen und Menschen können in Frieden und Freiheit miteinander leben. Die Natur wird geachtet und darf sich wunderschön entfalten. Die Zeiten der Baumrodungsmaschinen die unsere Wälder platt machen und der großen Pflasteraktionen hört auf. Mutter Erde will atmen, sie braucht auch Luft zum Leben. Da kann man nicht einfach Steine und Teer auf den Boden legen. Gut, vielleicht ein bisschen ja, aber nicht diese Riesenflächen wie es jetzt üblich ist. Das alles gehört der Vergangenheit an. Auf der neuen Erde werden wir alles mit Naturmaterialien bauen. So gibt es keinen Müll mehr. Wir werden intelligente Lösungen haben und alle zusammen ein paradiesisches Leben führen. Alles wird sauber sein: die Luft, das Wasser und natürlich auch unser Essen. Kein Mensch wird mehr auf den komischen Gedanken kommen und etwas Giftiges auf das Essen zu spritzen. Erwachte Menschen machen keine dummen Sachen, sie wissen, dass alles mit allem verbunden ist.

Jeder Mensch wird nur noch zum Wohle aller agieren. Klar, alles kommt wieder zurück- da macht es doch Sinn, sich rücksichtsvoll zu verhalten.

Die neue Erde ist schon da, sie ist über eine Lichtbrücke zu erreichen. In nicht allzu ferner Zukunft leben wir dauerhaft in unseren heilen Welt.

Der Himmelsfürst meldet sich

Ich bin Metatron. Der Wind bläst euch kräftig ins Gesicht. Ihr müsst fest gegenhalten, um nicht umzufallen. Habt keine Angst vor dem zerbröckelnden System. Altes muss immer erst gehen, damit Neues Platz hat. Wie könnt ihr eine neue Erde bevölkern, wenn ihr noch alten Schutt herumliegen habt? Der Wind bläst kräftig durch alle eure Systeme durch. Es wird kein Stein auf dem anderen bleiben. Noch ehe das Jahr vergangen ist, werdet ihr eine Welt vorfinden wie ihr es euch nicht in euren kühnsten Träumen vorstellen konntet. Die Welt wird nie mehr sein, wie sie einmal war. Dreht euch um und nützt den Wind als Antrieb. Wenn ihr euch gegen ihn stellt, wird es euch viel Kraft kosten ihm zu widerstehen und nicht umzufallen. Lasst euch vom Wind anschieben, nützt die Energie, sie ist positiv. Nichts geschieht zufällig. Alles ist eingefädelt und muss geschehen. Ihr könnt das alles jetzt nicht verstehen, es erscheint euch unlogisch und konfus. Geht aus eurem Verstand und in euer Herz. Hier findet ihr die Antworten auf alle eure Fragen. Fühlt und ihr werdet wissen was wahr ist und was falsch ist.

Glaubt niemanden, nur eurem Herzen. Euer Herz lügt nie. Ihr braucht keine Geräte um etwas von der Welt zu erfahren, geht in euer Herz und fragt, ihr bekommt immer eine Antwort, die 100 Prozent richtig ist. Wir, in der geistigen Welt des Lichts, freuen uns, dass ihr eure Schwingung so enorm gesteigert habt. Viel Angst und Unruhe ist auf dem Planeten, aber ihr Lichtarbeiter habt sehr viel Energie und enorm viel Liebe in die Welt gesandt, deshalb steigt die Schwingung eurer Erde rasant an. Das freut uns sehr, wir im Himmel beobachten euer Leben und wissen, dass es für euch alle extrem anstrengend ist, das alltägliche Leben unter diesen Bedingungen zu meistern. Ihr macht das grandios. Wenn ihr nur wüsstet wie sehr wir euch bewundern und lieben. Ruft uns immer, wenn ihr Hilfe braucht, immer sind wir für euch da. Ich bin Metatron der Himmelsfürst, ich sitze zur Rechten Gottes und helfe beim Aufbau der neuen Erde. Ich beschütze euch und schicke euch meine Liebesenergie, damit ihr wachsen möget, um eine neue liebevolle Gesellschaft auf der neuen Erde zu erschaffen. Ich verneige mich vor euch in großer Demut. Ich bin Metatron.

Lieben Dank Metatron für deine wundervolle Botschaft an uns. Ich verneige mich vor dir und bin sehr berührt, dass du dich bei mir gemeldet hast, damit ich deine Worte für meine Leser aufschreiben darf.

Schlusswort

Gut, drehen wir uns um und lassen uns vom Wind anschieben, so wie uns Metatron das geraten hat. Handbremse lösen und ab geht es! Herrlich, endlich geht es kräftig voran. Heben wir die Welt aus den Angeln. Die Energie ist da, wir müssen sie nur **für** uns nützen. Wenden wir uns von den Energieräubern ab und nützen unsere Energie für den positiven Wandel. Wenn wir alle an einem Strang ziehen und das Licht und die Liebe in den Äther blasen, düsen wir wie eine Rakete ab und landen sicher in der

5. Dimension. Eine schöne Vision, die bald schon Wirklichkeit ist. Der Schleier ist schon ganz dünn, man kann wirklich schon durchspitzeln!

Es ist ein Traum unsere neue Welt, es lohnt sich Vollgas zu geben. Ich freue mich sehr, dass du das Büchlein gelesen hast und auch deine Liebesenergie zum Wohle aller einsetzt. Dafür möchte ich mich herzlich bei dir bedanken.

In diesem Sinne,

Namaste mein Freund der neuen Erde,

ich freue mich heute schon dich persönlich kennenlernen zu dürfen.

Im Herzen sind wir vereint.

Das erste Buch der neuen Erde wird gerade geschrieben,

wir sind der erste Stamm im gelobten Land.

Deine Paula Himmelreich

Falls du jetzt Lust auf mehr bekommen hast, kannst du noch weitere Büchlein von mir finden.

Taschenbücher kannst du auch bei Naturkost Noderer bestellen:

http://www.naturkost-noderer.de/

Vielen herzlichen Dank für dein Interesse und deinen Kauf meines Büchleins.

Meine Bücher sind als eBook und als Taschenbuch erschienen:

Lebe jetzt frei und ohne Angst- Maximale Freiheit ohne Panik und Angst

10 kg Abnehmen in 14 Tagen,- Endlich frei von Neurodermitis und Migräne

VERGISS ALLE ERWARTUNGEN UND SEI GLÜCKLICH

RAUS AUS DEM HAMSTERRAD - REIN INS GLÜCKLICHE LEBEN-

MINIMALISMUS IST DAS ZAUBERWORT

EINFACH GRUNDLOS GLÜCKLICH SEIN -

DER ULTIMATIVE GLÜCKSRATGEBER

DIE NEUE ERDE IST SCHON DA -

EINE BOTSCHAFT AUS DER URQUELLE

DAS LEBEN AUF DER NEUEN ERDE -

EINE NAVIGATIONSHILFE AUS DER URQUELLE

AUF DIE NEUE ERDE KOMMST DU NUR OHNE EGO -

SCHUBSE DAS TEUFELCHEN VON DEINER SCHULTER

VERLASSE DIE ACHTERBAHN DER GEFÜHLE -

TAUCHE EIN IN DIE WOGE DER GLÜCKSELIGKEIT

EINE BOTSCHAFT AUS DER URQUELLE -

PAULAS REISE AUF DIE NEUE ERDE

HEILUNG DURCH HINGABE -

MIT EINER BOTSCHAFT VON ERZENGEL RAPHAEL

WÜNSCHE ERFÜLLEN SICH LEICHT,

WENN DU ZUHAUSE BIST - *GLÖCKCHEN 1*

PAULAS ERKENNTNISSE FÜR EIN LEICHTERES LEBEN

HIMMLISCHE BEZIEHUNGEN - *GLÖCKCHEN 2*

PAULAS ERKENNTNISSE FÜR EIN LEICHTERES LEBEN

DIE NEUEN KINDER SIND SCHON DA

EINE BOTSCHAFT AN DIE JUGEND - FÜR DAS LEBEN

AUF DER NEUEN ERDE

EIN BUCH VOLLER LIEBE-

EIN GESCHENK DES HIMMELS - *GLÖCKCHEN 3*

DIE SCHLEIER LICHTEN SICH

EINE BOTSCHAFT MIT ERZENGEL MICHAEL

WENDE DICH VON ENERGIERÄUBERN AB -

GIB BURNOUT KEINE CHANCE

LASSE JETZT DEINEN ANTRIEBSMOTOR

IMMER HOCHTOURIG LAUFEN

77 HIMMLISCHE GESCHENKE UM DEINE
SCHWINGUNG ZU ERHÖHEN - *GLÖCKCHEN 4*

PAULAS ERKENNTNISSE FÜR EIN LEICHTERES LEBEN

GIB DEINE SÜCHTE DEN ENGELN MIT

DIE WEISSE LILIE

EINE BOTSCHAFT VON ERZENGEL CHAMUEL

PAULAS HEILE WELT

EINE VISION FÜR EINE SEHR NAHE ZUKINFT

VON DER NEUEN ERDE

DIE WELTEN TRENNEN SICH

ES WIRD ZEIT SICH AUF DEN WEG ZU MACHEN

DAS ERSTE BUCH DER NEUEN ERDE

MIT EINER BOTSCHAFT VON HENOCH

Impressum:

Paula Himmelreich

Marktstr. 28

86866 Mickhausen

paulahimmelreich@web.de

Printed in Germany
by Amazon Distribution
GmbH, Leipzig

19681810R00070